맥락으로 이해하는

사회과학 조사방법론

맥락으로 이해하는

사회과학 조사방법론

이 종 환

KNOWLEDGE COMMUNITY 공동체

조사방법론은 **논문을 집필하는 과정**을 다룬 학문인 동시에 과학적 **조사연구 수행의 효과**效果**와 효율**效率에 대한 학문이다. 그렇기에 논문 집필의 논리적·시간적 흐름을 좇지 않는다면, 더불어 많은 논의가 전개된다면 학문의 이해comprehension와 통달grasp에서 그만큼 효과와 효율이 떨어지기 마련이다. 이에 저자는 본 서書를 빌어 조사방법론의 핵심을 뽑고 정제하여 가급적이면 흐름에 맞으면서도 쉽게 정리하고자 하였다.

철저히 필자의 주관적 경험에 의하면 조사방법론 학습에서는 세 가지를 염두念頭에 두어야 한다. 첫째, **조사방법론은 과학**科學**의 학문**이라는 점이다. 사회'과학'에서 피상적으로 연상되는 개념을 한결같이始終如一 인지하고 다가서야 한다. 둘째, **조사방법론은 맥락**脈絡**의 학문**이라는 점이다. 나무를 그릴 때 줄기로부터 가지 그리고 잎의 순서로 그려나가듯 '단계'로부터 '내용'을 곁들이는 맥락脈絡식 학습이 이루어져야 한다. 그렇기에 본 서書는 때로는 억지스러울 정도로 각각의 개념을 연결고리로써 범주화하고자 하였다. 셋째, **조사방법론은 이해**理解**의 학문**이라는 점이다. 미시적微視的으로는 단어에 집착해야 한다. 거론되는 개념들 대부분은 명명된 단어에 뜻이 있다. 내포한 의미를 꼼꼼하게 해석하고 연상할 때 비로소 암기의 학문이 아님을 깨닫게 될 것이다.

지식을 전달하는 과정에서 단 한 차례의 예외도 없이 '조사방법론은 어렵다'는 호소를 접한다. 그러나 필시必是 **어려움**과 **익숙치않음**은 구별되어야 한다. **어려움**이란, 노력을 반복해도 성취하기가 녹록치 않은 일종의 불가항력적不可抗力的 성격을 지닌 반면, **익숙치않음**은 반복과 시간이 투자되면 분명히 해결되는 노력의 영역이다. 조사방법론은 **익숙치않음**이며, 노력의 영역에 가까울 것이다.

자명自明한 것은, 무엇보다도 즐기는 자가 되어야 할 것이다.

知之者 不如好之者 好之者 不如樂之者

– 論語 雍也篇

저자 拜

Contents

Contents

Contents

Contents

표목차

Contents

그림목차

[과학적 조사연구의 단계]

과학적 방법과 조사연구

양적 연구

연구문제의 형성	• 연구문제 • 분석단위 및 **분석단위 오류**
⇩	
예비조사	• 예비조사의 목적 및 종류
⇩	
개념적 준거틀 및 가설설정	• 개념, 이론, 변수, **가설** • 개념적 정의 및 **조작적 정의** • 개념적 준거틀
⇩	
조사설계	• 탐색적 조사설계 • 기술적 조사설계 • **인과관계 5규준 및 3조건** • **설명적 조사설계**
⇩	
측정 및 척도	• 측정 및 **척도** • **신뢰도 및 타당도**
⇩	
표본추출	• 모집단과 표본집단 • **확률표본추출 및 비확률표본추출**
⇩	
질문지 작성	• 질문지 작성절차 • **질문의 형태 및 원칙**
⇩	
자료수집	• **각 자료수집방법 특징 및 장·단점**
⇩	
자료처리와 분석 및 보고서 작성	• **통계이론** • 보고서의 구성 및 원칙

질적 연구 및 내용 분석

욕구 조사 및 평가

chapter 01

과학적 방법과 조사연구

01 과학적 방법과 조사연구

1.1. 지식습득의 방법

지식을 습득하는 방법에는 크게 여덟 가지로 정리할 수 있다. 첫째, **권위주의적 방법**이다. 이는 사회적 또는 정치적으로 지식을 산출할 수 있다고 인정되는 사람들의 권위에 의존하여 지식을 얻는 방법이다. 둘째, **신비적 방법**이다. 초자연적 권위자 및 영매 등이 계시, 지시, 예언 등으로 말한 내용을 지식으로 받아들이는 방법이다. 셋째, **이성적 방법**이다. 인간 본래의 이성의 작용으로 논리에 의하여 경험이나 증명없이 자명한 것으로 받아들이는 방법을 뜻한다. 넷째, **관습에 의한 방법**이다. 사회적인 습관이나 관습에 의해 비판없이 그대로 수용하는 방법을 말한다. 다섯째, **상식**으로 인정되고 있는 것을 받아들임으로써 지식을 습득할 수도 있다. 여섯째, **개인적**인 **경험**으로써의 일상적 사고로 지식을 받아들일 수 있다. 이런 일상적인 사고에 의한 지식 습득과정에서는 부정확한 관찰, 과도한 일반화, 선별적 관찰, 사후소급 가설, 비논리적 추론, 자아개입, 성급한 종료, 신비화, 실수, 도박사의 오류(gambler's fallacy)[1]를 비롯하여 Gibbs & Gambrill(1999)의 허수아비 논쟁(straw person argument)[2]과 대인논증(ad hominem attack)[3] 등 여러 가지 문제점을 야기한다. 일곱째, **대중매체에 의한 방법**으로써, 이는 대중매체에 반영된 정보를 받아들이는 방법을 뜻한다. 여덟째, **과학적 방법**이다. 이론－가설－관찰－일반화의 반복적 과정을 통하여 받아들이는 방법, 즉 논리성과 경험성의 일치적 검증을 통하여 받아들이는 방법을 말한다.

1) 서로 독립적인 확률적 사건이 서로 영향을 미친다는 착각에서 기인한 논리적 오류

2) 특정한 입장을 공격하기 쉬운 방식으로 왜곡해 놓고 공격하는 것

3) 주장되는 논증 자체가 아니라 논증을 제시하는 사람의 인격, 사상, 학력수준, 경력, 직업 등을 지적하여 불신하고자 하는 것

1.2. 과학적 지식의 특징

과학science이라는 명제에서 연상이 가능하듯이 과학적 지식의 특징은 몇 가지 어휘들로 자연스레 연상될 수 있다. 첫째, **객관성**客觀性, objective을 들 수 있다. 주관적인 편견이나 판단을 배제하고, 객관적으로 나타난 증거와 판단에 의존해야 한다는 것이다. 둘째, **논리성**論理性, logical이다. 논리에 맞는 성질, 즉 이론적인 근거하에 전개과정상의 비약이 없이 진행되어야 함을 뜻한다. 셋째, **실증성**實證性, positivism이다. 사실實로 증명證할 수 있는 성질로써, 실제 현상에 의거하여 연구가 행해져야 하며, 실제 현상세계에서 일어난 현상을 대상으로 하며, 현상적인 증거가 존재해야 한다. 넷째, **재현가능성**再現可能性, replicable[4]이다. 관찰된 결과나 실험결과가 재현될 수 있어야 한다는 것으로써 조건만 동일하면 동일한 결과가 다시 재현될 수 있어야 한다. 다섯째, 일정한 원리에 따라서 부분이 짜임새 있게 조직되어 통일된 전체를 이루는 특성이나 상태를 뜻하는 **체계성**體系性, systematic을 지닌다. 연구내용의 전개과정이나 조사과정이 일정한 틀, 순서, 원칙에 입각하여 진행되어야 한다. 여섯째, **통제성**統制性, controlable을 지닌다. 일정한 방침이나 목적에 따라 행위를 제한하거나 제약할 수 있어야 하는데, 연구문제의 해결과 관련이 없는 변수들의 영향을 제거해야 하기 때문이다. 일곱째, **간결성**簡潔性, parsimony과 **특정성**特定性, specific을 지닌다. 간결성이란, 될 수 있는 한 적은 수의 요인이나 변수를 가지고 설명하려 하는 것이며, 특정성은 적용되는 대상이나 범위가 명확하게 제한되어 있음을 의미한다. 여덟째, **결정론적**決定論的, deterministic이다. 과학은 일정한 인과관계에 따른 법칙에 의하여 결정되는 것이며, 우연이나 선택의 자유에 의한 것이 아니라는 것이다. 아홉째, **간주관성**間主觀性, intersubjective이다. 간주관성이란, 많은 주관主觀 사이에서 서로 공통적인 것이 인정되는 성질을 뜻한다. 즉, 여러 연구자들이 다양한 목적과 주관을 가지고 동일한 연구를 진행한다 하더라도 같은 실험방식을 전개하면 동일한 결과가 도출되어야 한다. 열째, 기존의 신념이나 연구결과는 언제든지 비판되고

4) 통상 재생가능성再生可能性이라고 표현되기도 한다.

수정될 수 있으므로 **변화가능성**變化可能性, changeable을 지닌다. 이상과 같은 대표적인 특성 외에도 **경험성**經驗性, empirical, **형식성**形式性, formality, **엄밀성**嚴密性, rigorousness, **명확성**明確性, clarification, **보편타당성**普遍妥當性, general validity 등 여러 가지 개념들이 파생적으로 연상될 수 있다.

1.3. 과학과 과학적 조사연구의 목표

과학이란, 논리와 경험의 일치성 검증을 통하여 수립된 지식으로써, 자연과학이나 공학 등에 관한 것만이 아니라 사회현상에 관한 것도 포함된다.

과학적 조사연구의 목표는 궁극적으로 증명가능한 축적적 지식체계이론 개발이다. 구체적으로는 다음의 다섯 가지를 들 수 있다. 첫째, **탐색**探索, exploration이다. 탐색은 연구문제에 대한 사전 연구들이나 알려진 지식들이 현재로서 충분하지 않을 때 행해지게 된다. 탐색은 좀더 정확한 조사를 위한 연구문제를 형성하거나 가설을 개발하는 것으로써, 명제와 가설을 앞세운 연역적 방법보다는 자료를 수집하고 분석해나가면서 가설을 세우는 귀납적 방법이 적절하다. 둘째, **기술**記述, description, 즉 개인이나 사회의 현상에 대한 어떤 사실들에 대해 일반적인 수준에서 요약하여 기록함으로써 현상 그 자체의 속성을 있는 그대로 묘사하는 것이다. 셋째, **설명**說明, explanation 다시 말해, 현상의 원인에 대해 분석하여 인과관계를 밝히는 것이다. 설명이란 '**왜**Why'에 대한 물음에 대답하는 것, 즉 자신이 관심을 갖는 문제 또는 상황에 대해 단순히 기술하는 수준을 넘어 그 문제나 상황이 왜 발생했는가에 대한 원인 또는 이유를 밝히는 것이다. 다시 말해서, 현상이 무엇인가를 밝히는 것이 기술이라면, 현상이 왜 발생했는지를 밝히는 것은 설명이라 할 수 있다. 넷째, 원인이 되는 현상을 통하여 결과현상을 예상하는 것, 즉 **예측**豫測, prediction이다. 사회과학에서 예측이란 관찰에 의해 입증될 수 있는 미래의 특정한 사회적 행태 측면에 관한 예상이나 기대를 말한다. 어떤 현상의 원인을 알고 있다면 그 원인과 관련된 현재의 상태가 어떤지를 파악함으로써 미래가 어떻게 될 것인지를 예측이 가능하다. 다섯째, **통제**統制, control이다. 이는 원인이 되는 현상에 대한 개입을 통해 결과를 바람직한 상태로 유도하는 것을 뜻한다.

1.4. 과학적 조사의 접근방법

과학은 이론지식을 탐구하고 제공하는 것이 가장 중요한 목적이다. 이론을 개발하고 그것이 또 다른 이론지식을 탐구하는데 활용되는 과정을 Wallace[5]는 원으로 이루어진 순환과정으로 설명하고 있다. Wallace에 의하면 이론에서 가설이 만들어지고, 가설은 관찰을 가능하도록 하며, 관찰을 통해 일반화가 이루어진 후, 이론이 수정되게 된다. 이 수정된 이론은 다시 수정된 가설, 관찰, 일반화의 순환과정을 되풀이하면서 이론지식이 풍부하게 되는 것이다[6].

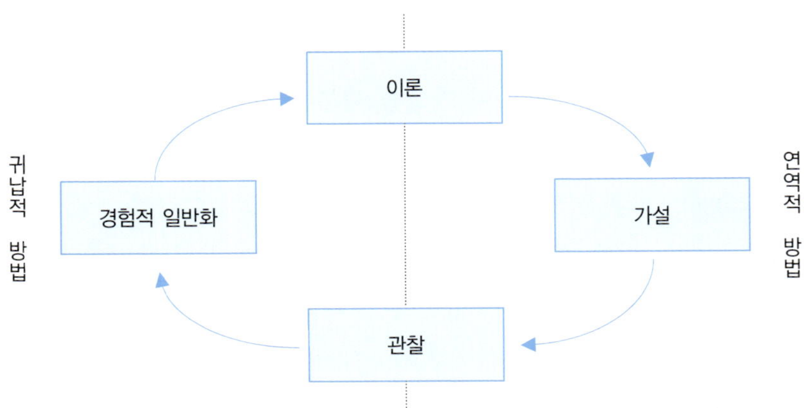

그림 1-1 연역법과 귀납법의 관계

5) Wallace W. L.(1971). *Logic of Science in Sociology*. Chicago : Aldine Atherton.

6) Wallace는 이 모형에는 분명한 시작점과 종결점이 없기에 연구자는 어느 단계에서 시작해도 무방하다고 주장하였다.

이론을 탐구·개발하는 방법은 연역법과 귀납법의 두 가지로 구분된다. **연역법**은 일반적인general 것으로부터 특수한specific 것을 추론해내는 접근방법이다. 연역적 논리의 고전적인 예는 '모든 사람은 죽는다 → 소크라테스는 사람이다 → 그러므로 소크라테스는 죽는다'로 잘 알려진 삼단논법이다. 이를 위의 이론의 순환과정에 적용해보면, 기존의 이론을 토대로 가설을 설정하고, 조사연구를 통하여 가설을 채택하거나 혹은 기각해서 새로운 지식을 축적해가는 방법이다. 연역적 논리의 대표적인 철학자는 René Descartes이며, 대부분의 양적量的 연구에서 이용된다. 반면 **귀납법**은 개별적인 사실들로부터 일반적인 원리나 이론을 탐구하고 개발하는 방법이다. '소크라테스의 죽음 발견 → 다른 사람들의 죽음 발견 → 사람은 죽는다는 결론 도출'과 같은 방식이다. 이론의 순환과정에 적용하면, 조사연구를 통해 일정한 경향패턴을 발견하고 임시적 결론을 얻는 과정을 반복함으로써 일반화의 과정을 거쳐 이론을 구축해가는 방법이다. 귀납적 논리의 대표적인 철학자는 Francis Bacon이며, 대부분 질적質的 연구에서 활용된다.

연역법과 귀납법을 비교·정리하면 <표 1-1>과 같다.

〈표 1-1〉 **연역법과 귀납법의 비교**

	연역법	귀납법
특 징	기존의 이론이나 일반적인 원리를 이용하여 새로운 가설을 도출하고 이를 실증적으로 검증해봄으로써 가설이 현상을 적절히 설명하고 있는지를 검증	관찰된 자료를 통해 현상 속에 내재하고 있는 일반적 원리를 찾아내고 이를 실제 현상에서 검증해봄으로써 이를 확인하는 과정
	상호보완적인 성격	
사 례	1) 모든 사람은 죽는다. 2) 소크라테스는 사람이다. 3)그러므로 소크라테스는 죽는다.	1) 소크라테스의 죽음 발견 2) 다른 사람들의 죽음 발견 3) 사람은 죽는다는 결론 도출
절 차	이론 ⇒ 가설 ⇒ 조작화 ⇒ 관찰 ⇒ 검증	주제선정 ⇒ 관찰 ⇒ 경험적 일반화 ⇒ 이론
분 야	계량적 연구분야	질적인 연구분야

1.5. 사회과학에 대한 제관점

1.5.1. 절대론적 관점

사회과학적 지식에 대한 첫 번째 관점은 **객관적이고 절대적인 진리가 존재한다는 절대론적 입장**으로써, 대표적으로 실증주의자들과 반증주의자들이 이에 해당된다.

1.5.1.1. 실증주의positivism

실증주의는 18세기 Auguste Conte에 의해 제창되었다. 실증주의 관점에서 진리란 실증적인 확인과정을 통해 규명해야 하기에 사실에 관한 모든 지식은 '실증적' 경험자료를 바탕으로 해야 한다. 만일 사실의 영역을 넘어선다면 이는 순수논리학과 순수수학의 영역으로 간주하였다. 또한 형이상학이란 실재의 본성에 관한 사변思辨에 불과하며, 이 사변을 지지하거나 반박할 수 있는 어떤 증거도 허용하지 않았다.

이후 실증주의의 한계, 즉 유한한 관찰로 완전한 진리의 규명이 불가능하다는 한계를 보완하기 위해 나타난 사조가 1920년대의 논리실증주의logical positivism이다. 논리실증주의의 관점에서는 경험적 관찰에 의해 '**검증가능**'한 진술이나 명제만이 객관적 지식으로 의미를 가지며, 이런 맥락에서 자유·신神 등과 같은 형이상학적 명제들은 그릇된 것이 아니라 무의미 자체라고 주장하였다. 그러나 논리실증주의 역시 유한한 관찰만으로 보편적인 진술universal statement이 진리일 것이라고 주장하기 어려우며, 경험을 바탕으로 도출한 결론을 다시 경험적 방법에 의해 검증하는 모순을 갖고 있다. 또한 관찰에 기반을 두고 있기 때문에 측정상의 오류가 발생될 수 있고, 관찰결과의 해석이 검증하고자 하는 이론에 기반을 둔 선입관에 의해 영향을 받을 수 있기 때문에 지지하고자 하는 이론에 적합하게 해석을 하려는 시도가 야기될 수 있다는 문제점이 있다.

1930년 들어 논리실증주의의 엄격한 평가기준에 대한 비판을 수용한 실증주의 학파는 보다 온건한 논리경험주의logical empiricism를 제창하였다. 논리경험주의의 입장에서는 유한한 관찰에 의해서는 완전한 진리를 규명할 수 없기 때문에 진리의 '**검증가능성**testability'이라는 개념 대신 진리의 확인confirmation이라는 '**확증가능성**confirmability'의 개념으로 전환을 시도하였다. 이는 경험을 바탕으로 구축된 이론에 기반을 둔 가설이 추가적인 관찰에 의해 점진적이고 실증적으로 검증됨으로써 이론이 점차로 확인되어 간다는 것을 뜻한다. 실증주의와 마찬가지로 귀납적 확률론에 입각한 확인과정을 거치는데, 이론은 지속적인 관찰들에 의해 정당화가 되며, 이러한 관찰들이 누적되어 결론에 대한 확률적인 지지정도가 높아진다는 관점을 지녔다. 논리경험주의 역시 논리실증주의와 마찬가지로 유한한 경험적 관찰에 의해 명제에 대한 진위 여부를 진단하며, 경험적 방법으로 도출한 이론을 또다시 경험적 관찰로 검증하고, 관찰결과를 해석하는 데 관찰자의 선입견이 개입될 수 있다는 한계를 지녔다.

1.5.1.2. 반증주의falsificationism

반증주의는 논리실증주의가 기존의 이론에 입각한 선입견에 의해서 관찰상의 오류를 범하는 문제점을 개선하기 위해 Karl R. Popper에 의해 창시되었다. Popper는 과학의 발전은 기존의 지식체계에 대한 비평, 반박과정을 통해 이루어진다고 봤으며, 하나의 지배적인 패러다임이 신성시되면 이에 사로잡혀 새로움을 추구할 수 없게 되어 과학의 발전이 이루어질 수 없으므로, 학자들은 그들의 끊임없는 노력에 의하여 언제든지 이러한 구속으로부터 탈피하여 보다 나은 패러다임을 제시하고, 이것이 다시 깨짐으로써 과학의 발전이 이루어진다고 생각했다. 이처럼 지배적인 패러다임을 부정하는 견해에서 시작되는 것이 반증주의로서, 기존의 이론의 모순에 대해 반복적인 반증과정을 거쳐 과학의 발전이 이루어진다는 생각에 입각하여 보다 엄격한 실증적 검증을 시도하였다.

Popper는 기존의 실증주의자들이 기준으로 삼은 검증가능성 대신 **반증가능성**falsifiability을 기준으로 설정하고, 실증주의자들의 귀납적 접근에 대한 대안으로 가설적 · 연역적 접근을 제안하였다. 반증주의적 관점에서 이론은 반복되는 반증에 대해 저항력을 지닌 경우, 한시적으로 입증된 것으로 받아들여지는데, 언제든지 다시 반증에 의해 기각될 가능성이 있다고 전제하였다.

한편 반증주의는 이론 자체보다 실증적인 검증과정이 잘못될 수 있으므로 한 번의 잘못된 관찰로 인하여 이론이 완전히 부정될 수 있으며, 실증적 반박에도 불구하고 지속적으로 유지되고 과학의 진보에 공헌한 이론, 가령 진화론이나 상대성이론과 같은 이론들도 존재한다는 점에서 많은 비판을 받고 있다. 또한 기존의 개념적 틀을 유지하고자 하는 세력으로 인하여 한 번의 반증만으로는 기존의 이론이 거부되는 경우는 현실적으로 드물다.

1.5.1.3. 합리주의rationalism

합리주의 혹은 이성주의는 비합리적이고 우연적인 것을 배척하고, 이성적이고 논리적이며 필연적인 것을 중시하는 기조이다. 합리주의적 시각에 의하면 우리가 가지고 있는 지식은 모두 의심의 대상으로써, 이를 모조리 의심하여 더 이상 의심할 수 없을 때 명백한 진리에 도달할 수 있다.

합리주의의 대표적인 철학자인 데카르트René Descartes는 모든 것은 철저하게 의심할 수 있고 모든 것이 허위라고 생각할 수 있으나, 의심하는 '나의 존재'는 의심할 수 없으며, 이는 자신이 확신할 수 있는 유일한 사실이라고 생각했다[7]. 이에 데카르트는 의심하는 '나의 존재함'을 철학의 제1원리로 삼고, 신의 가르침이 아니라 인간 이성의 역할로 세상의 진리에 도달할 수 있다고 믿었다.

합리주의적 관점은 경험보다 이성의 논리적 작동에 의해 자신의 학문체계를 마련하고자 하였기에 귀납법보다는 연역법을 중시하였다.

7) 나는 의심한다, 고로 존재한다(*Cogito ergo sum*).

1.5.2. 상대론적 관점

절대론적 입장과는 대조적으로 사회과학적 지식에는 필연적으로 주관이 개입되기에 **객관적인 진리는 존재하지 않는다**는 견해를 가진 사조가 **상대론적 입장**이다.

1.5.2.1. 패러다임paradigm과 과학혁명Scientific revolution

패러다임paradigm이란, 이는 Tomas S. Kuhn이 1962년 『*The Structure of Scientific Revolution* 과학혁명의 구조』를 통해 처음 제시한 개념으로서, 어떤 한 시대의 지식인들의 합의로 형성된 지식의 집합체, 즉 전문가들의 합의로 생성된 지식의 구조로 사람들의 견해나 사고에 영향을 주는 일종의 이론체계를 뜻한다. 패러다임은 시간의 흐름과 시대의 가치를 반영하기 때문에 변화하며, 이로 인해 객관적인 현실 역시 변화한다.

Kuhn은 기존의 패러다임을 부정하고 새롭게 출발할 때 과학이 혁명적으로 발전하며, 이를 **과학혁명** 또는 **혁명적 과학**revolutional science이라고 주장하였다. 또한 **정상과학**normal science이란, 기존의 패러다임을 기반으로 지식의 축적이 이루어지는 것을 의미하는데, 이전의 축적된 확고한 기반하에 연구가 이루어짐으로써 점진적인 과학의 발전이 이루어지는 것이며, 이는 기존의 패러다임에서 벗어나지 못하고 이에 집착하기 때문에 새로운 것을 찾고자 하는 노력을 저하시켜 과학의 발전을 저해한다고 주장하였다.

1.5.2.2. 실존주의existentialism

20세기 전반에 발발한 두 차례의 세계대전은 합리주의와 실증주의 사상의 활발한 발전을 가져왔으나, 동시에 인간 이성에 대한 불신, 과학과 기술문명의 발달로 인한 인간 주체성의 상실, 비인간적인 현대 문명의 이기 등의 부작용을 야기했다.

이 시기에 독일과 프랑스를 중심으로 기존의 질서와 권위를 비롯하여 합리주의와 실증주의 사상에 대한 저항의 움직임이 발생하게 되는데, 그 중심에 실존주의 철학사조가 존재하였다.

샤르트르Jean Paul Sartre는 '인간의 본질은 자유이고, 인간은 본질이 미리 결정되지 않은 자유로운 존재'라 규정짓고 인간 개인으로서의 주체적 존재성을 강조하였다.

실존주의에서는 신의 존재를 인정하지 않고 인간 삶을 결정론적 시각으로 보지 않는다. 만약 인간의 본질을 결정하는 신이 존재한다면 인간은 신의 결정에 의한 경로로만 살아갈 수 있지만, 신이 존재하지 않으므로 인간 개인은 완전히 자유로운 입장에서 스스로의 존재 방식을 선택할 수 있다고 주장하였다.

1.5.2.3. 해석주의interpretivism

Max Weber에 의해 제창된 해석주의는 실증주의와 같이 외형으로 유형화된 특정 행동을 관찰하는 것이 아니라 해당 행동의 내면에 있는 것에 보다 관심을 갖는 것이다. 연역법의 논리를 따르는 실증주의와 달리 해석주의에서는 대상자들이 의미있게 생각하거나 다른 사람들이 깊이 이해하고 공감하는 명제라면 그것이 바로 진리라고 생각한다. 해석주의에 해당되는 범주로는 **해석학**hermeneutics, **민속지학**ethnomethodology, **현상주의**phenomenology, **상징적 상호작용주의**symbolic interactionism, **구성주의**constructionism 등이 대표적이다.

단원 연습문제 1

01 다음 중 사회적으로 인정을 받거나 명망이 있는 사람들의 진술을 받아들임으로써 지식을 획득하는 방법은 무엇인가?

① 전통에 의한 방법　② 상식에 의한 방법
③ 과학적 방법　④ 권위에 의한 방법
⑤ 관찰에 의한 방법

02 다음 중 과학적 지식의 특징에 해당되지 않는 것은?

① 경험성　② 객관성　③ 간주관성
④ 상징성　⑤ 실증성

03 과학의 목적에 해당되지 않는 것은 무엇인가?

① 예측　② 탐색　③ 기술
④ 설명　⑤ 윤리

04 다음 진술 중 적절하지 않은 것은 무엇인가?

① 객관성을 확보하기 위해서는 표준화되고 체계화된 관찰 및 연구도구가 필요하다.
② 과학에는 절대적이고 자명한 진리가 존재한다.
③ 자명한 지식은 있을 수 없다.
④ 과학적 지식은 검증가능성을 갖는다.
⑤ 사회과학은 사회현상의 논리적이고 지속적인 규칙을 찾아내고자 한다.

05 과학적 지식의 특징 중 감각기관을 통해 인지될 수 있어야 하며, 관찰이 가능해야 한다는 것은 무엇에 대한 진술인가?

① 객관성 ② 재생가능성 ③ 경험성
④ 체계성 ⑤ 명료성

06 과학의 목적 중에서 현상이나 사건의 원인과 결과 간의 관계를 규명하려는 것은 무엇인가?

① 기술 ② 탐색 ③ 예측
④ 설명 ⑤ 통제

07 다음 중 과학적 연구의 특징에 해당되지 않는 것은?

① 과학적 연구는 결정론적이다.
② 과학적 연구는 객관성을 추구한다.
③ 과학적 연구는 복잡한 것을 지향한다.
④ 과학적 연구는 경험적으로 증명이 가능해야 한다.
⑤ 과학적 연구는 체계적이어야 한다.

08 과학의 특징 중 동일한 조건과 방법을 반복했을 때 동일한 결론에 도달해야 한다는 것은 무엇에 해당되는 설명인가?

① 재생가능성 ② 논리성 ③ 객관성
④ 경험성 ⑤ 체계성

09 과학적 방법의 특징에서 연구자의 가치판단을 배제해야 하는 것과 가장 가까운 개념은 무엇인가?

① 체계성 ② 객관성 ③ 논리성
④ 경험성 ⑤ 실증성

10 **과학의 특성 중 간주관성에 대한 의미가 옳은 것은?**

① 사회과학은 주관적이거나 객관적이지 않아야 한다.
② 서로 다른 사람들의 감각기관을 동일하게 자극하여 동일한 지각에 이르도록 해야 한다.
③ 사회과학은 간접적으로 주관성을 바탕으로 이루어져야 한다.
④ 같은 실험을 행하는 두 연구자는 주관적 동기가 서로 다르더라도 결과는 같아야 한다.
⑤ 사회과학은 객관성은 물론이며 주관성도 함께 반영해야 한다.

11 **다음 중 과학적 조사연구의 과정으로 옳은 것은?**

① 연구문제형성 → 가설설정 → 조사설계 → 자료수집 → 자료분석 및 해석 → 보고서 작성
② 연구문제형성 → 조사설계 → 자료수집 → 자료분석 및 해석 → 가설설정 → 보고서 작성
③ 가설설정 → 연구문제형성 → 자료수집 → 조사설계 → 자료분석 및 해석 → 보고서 작성
④ 조사설계 → 연구문제형성 → 가설설정 → 자료수집 → 자료분석 및 해석 → 보고서 작성
⑤ 자료수집 → 가설설정 → 연구문제형성 → 조사설계 → 자료분석 및 해석 → 보고서 작성

12 **조사연구의 대표적 세 가지 목적을 쓰고 이를 기술하라.**

chapter 02

연구문제의 형성

02 연구문제의 형성

2.1. 연구문제

연구문제란, **현상이나 사건에 대해 밝히고자 하는 변수들 간의 관계를 의문문의 형태로 표현한 것**이다. 연구문제는 과학적 조사연구의 시발점이며, 연구자가 가진 일종의 아이디어인 동시에 의문이다. 연구문제의 적절한 선정은 조사연구의 전 과정에서 가장 중요한 일이라 할 수 있다. **연구문제**가 추출되는 몇 가지 **원천**은 다음과 같다. 먼저 **기존지식체계**이다. 많은 경우, 연구자는 자신이 알고 있는 분야의 기존지식체계에서 연구문제를 도출한다. 기존의 지식체계에서 미진한 부분은 없는지, 기존의 연구결과들이 서로 상충되는지, 기존의 지식체계로 새로운 현상을 설명할 수 없는지를 면밀히 검토하고 연구문제를 설정할 수 있다. 다음으로는 **사회적 요청**으로 인해 연구문제가 선정되기도 한다. 이는 다양한 기관에서 발주되는 연구용역사업이 대표적이라 할 수 있다. 특정 연구주제를 선정한 후, 공모과정 등을 통해 해당 연구를 수행하여 결과를 제출하기를 요구받는다. 또한 **문헌의 고찰**을 통해 연구문제가 정해지기도 한다. 각종 저널이나 논문, 서적, 정부발행문서, 연구기관의 발행물 및 보고서 등에서 미지의 영역, 연구결과 간의 불일치, 후속연구를 위한 제언 등을 검토함으로써 연구문제를 결정할 수 있다. 끝으로 **개인적 취향 및 경험**에 의해 연구문제가 도출되기도 한다. 연구자가 속한 일상생활이나 직장생활 등으로부터 의문을 가짐으로써 연구문제를 선정할 수 있다. 연구문제는 **직접 답이 구해지거나 검증되지 않고 가설을 통하여 간접적으로 검증**된다.

연구문제를 선정하는데 있어서는 먼저 연구자가 흥미를 느끼는 주제를 선정해야 하고, 경험이 있거나 사전지식이 있는 주제를 선정하는 것이 좋다. 또한 시간과 비용 등 현실적인 제약을 충분히 고려해야 하며, 연구를 뒷받침할 수 있는 이론적 배경이 있는 주제를 선정하는 것이 바람직하다. 더불어 너무 완벽한 주제를 추구하지 말아야 하며, 광범위하지 않은 적절한 범위 내에서 결정해야 한다.

한편 **연구문제**를 **평가**하는데 있어서는 해당 분야의 축적된 지식체계 내에서 얼마나 **독창성**이 있는지, 사회현상을 이해·설명하는데 어느 정도 **이론으로 기여**하는지, 문제에 대한 해답을 얻는데 **경험적인 검증 가능성**이 담보되는지 등의 학문적인 가치를 평가해야 하며, 더불어 개인적 사생활이나 신체적·정신적인 부분에 피해를 주지 않는 **윤리적인 배려** 역시 중요하게 검토해야 한다. 또한 연구대상자의 확보나 시간과 비용 등의 **물리적 제약** 역시 충분히 고려되어야 한다.

✓ 연구 주제의 선정은 연구 문제 선정을 위한 첫 단계!
⇒ 좋은 연구 주제는 자신이 잘 아는 분야에서 발견하기 쉬우므로 자신이 어떤 분야(또는 영역)에 관심 내지는 문제의식을 지니고 있는지 살펴볼 것

✓ 사람들이 다루지 않은 연구문제는 무조건 좋은가?
⇒ 독창성은 연구문제의 평가기준에서 중요한 요소인 것은 맞지만 언제나 정답은 아님.
⇒ 타인이 시도하지 않은 연구문제는 분명 이유가 있으므로, 검증이 가능한지, 실험 또는 연구대상자에 대한 윤리적인 배려가 지켜지는지, 시간과 비용 등 물리적 제약이 따르지 않는지 검토해야 함.
⇒ 지극히 당연한 결과를 예측할 수 있는 경우
– 광고노출빈도와 상표인지도 간의 상관성 연구
⇒ 연구대상 확보가 어려운 경우
– 마약중독자의 사회적응성에 관한 연구
⇒ 실험이 어려운 경우
– 비만아동의 식이조절과 체중조절 간의 관련성 실험연구
⇒ 영향력이 미미한 원인을 대상으로 하는 경우
– 클래식 공연 관람이 아동폭력성에 미치는 영향

✓ 사람들이 이미 다룬 바가 있는 연구문제는 무조건 나쁜가?

⇒ 타인이 동일한 연구문제로 이미 연구를 진행했다 하더라도 해당 연구가 최근에 이루어진 바가 없다면 최근 경향을 연구하여 이전의 선행연구들과 비교하는 것도 의미가 있는 시도임.

⇒ 타지역 또는 특정 연령대에 한정적으로 연구가 이루어진 경우 역시 지역과 연령대를 바꿔 연구를 시도해 볼 가치가 충분함.

⇒ 이 경우는 기존 연구의 방법론을 유사하게 재현하는 것이므로 연구 진행에 보다 용이할 수 있음.

✓ 연구문제 수립에서 연구대상(독립변수)과 연구목적(종속변수) 중 무엇을 먼저 구상할 것인가?

⇒ 연구대상을 먼저 구상하면 실험설계(㉔ 원예프로그램의 자존감 향상에 대한 효과성 연구), 연구목적을 먼저 구상하면 서베이$_{survey}$연구(㉔ 다차원 지지가 자기효능감에 미치는 영향 연구).

✓ 연구문제 선정과정에서 주의할 점

⇒ 연구방법과 통계분석기법은 어디까지나 연구문제에 대한 결론을 도출하기 위한 경험적 도구에 불과하므로 '어렵고 복잡한' 연구방법 내지는 통계분석기법을 활용해야만 완성도 높은 연구성과가 도출되는 것은 아님.

⇒ 어렵고 난해한 연구문제는 차별성과 독창성을 확보한 것처럼 보일 수 있으나, 연구자 자신의 역량을 넘어서게 되면 연구를 진행할 수 없음. 따라서 자신의 역량을 고려하여 연구문제를 수립하는 것이 바람직함.

✓ '서론'과 '이론적 배경(또는 '선행연구 고찰')' 작성 시 주의할 점

⇒ 연구자들은 연구문제를 흔히 '서론'에 명시하고, 이어지는 '이론적 배경(또는 '선행연구 고찰')'에서 해당 연구의 필요성 및 기존 연구의 동향을 파악하고자 노력함.

⇒ 이 과정에서 연구자들은 '인용을 어느 수준까지 해야 하는지'를 자주 고민하게 됨. 이는 '다수의 선행연구들을 검토하고, 이 중에서 자신에게 필요한 내용을 인용하여 이 인용된 부분으로만 본인의 글을 구성하면 독창성이 결여된 소위 나의 글이 아닌 것으로 느껴지기' 때문일 것임. 그러나 만일 어떤 연구논문의 '서론' 및 '이론적 배경(또는 '선행연구 고찰')'이 선행연구에서 인용된 내용으로만 구성되고, (통상 '따라서 본 연구에서는…'으로 표현되는) 마지막 단락에서만 연구자의 의견이 피력되었다면 오히려 훌륭한 연구역량을 갖춘 연구자의 연구논문이라고 볼 여지도 충분함.

⇒ 이처럼 타인의 연구성과에서 인용한 경우, 해당 문장 내지는 문단에 대한 출처를 반드시 분명하게 밝혀야 하며, 이를 소홀히 하면 '표절'이 된다는 것을 명심해야 함.

2.2. 분석단위 및 분석단위 오류

분석단위란, 연구자가 그 속성 또는 특징에 관한 자료를 수집하고, 기술·설명하고자 하는 사람이나 사물, 즉 자료수집이 이루어지는 단위로써 개인, 집단, 조직, 단체, 국가 등이 모두 해당된다.

분석단위의 **오류**로는 **생태학적 오류**와 환원주의적 오류의 **개인주의적 오류**가 대표적이다. **생태학적 오류**란 집단 수준의 연구를 개인 수준에 일반화시킴으로써 발생되는 오류이다. 반면 **개인주의적 오류**란 생태학적 오류와 반대로 개인수준의 연구를 집단수준에 일반화시킴으로써 발생되는 오류로써, 환원주의적 오류의 하위개념이라 할 수 있다[1].

예를 들어, OECD 30개 국가를 대상으로 평균수명을 조사한 결과, 소득수준이 높은 선진국에서 주로 평균수명이 높게 나타났다. 이를 근거로 Michael은 선진국 국민이므로 장수할 가능성이 높다고 결론을 내렸다. 이처럼 국가를 분석단위로 연구한 결과를 개인에게 일반화하는 경우 생태학적 오류가 발생한다. 또한 OECD 30개 국가마다 국민들에게 민주주의에 대한 찬성비율을 조사한 후, 이를 근거로 해당 국가의 민주주의 완성도를 서열화하였다면 이는 개인주의적 오류라 할 수 있다. 개인을 대상으로 성향을 조사하여 국가로 일반화하였기 때문이다.

분석단위 오류를 도식화하면 **|그림 2-1|**과 같다.

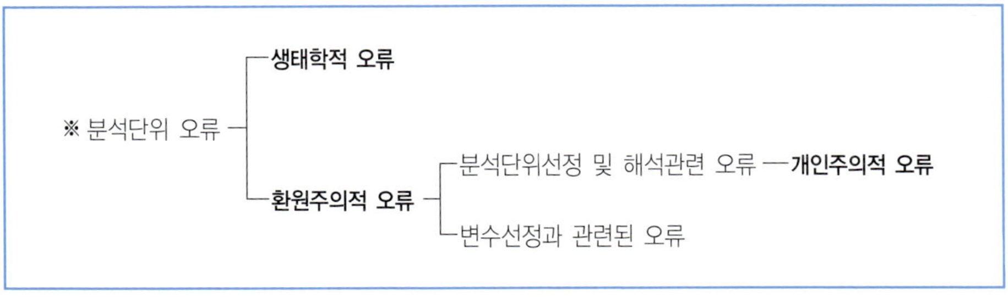

|그림 2-1| 분석단위 오류의 구성체계

1) 환원주의적 오류는 첫째, 분석단위의 선정 및 해석의 기준, 둘째, 변수선정의 기준으로 분류할 수 있다. 전자는 개인주의적 오류individualistic fallacy로써 개인을 분석단위로 한 연구결과를 집단에게 일반화할 때 발생하는 오류이다. 후자의 경우는, 넓은 범위의 인간의 사회적 행위 또는 속성을 이해하는데 필요한 변수 또는 개념을 지나치게 한정시키거나 한 가지로 환원시키는 경향을 말한다.

단원 연습문제 2

01 다음 중 올바른 연구문제의 기준이 아닌 것은?

① 측정이 가능해야 한다.
② 경험적으로 검증이 가능해야 한다.
③ 진위를 판별할 수 있어야 한다.
④ 가설의 제시가 가능해야 한다.
⑤ 추상적인 진술로 이루어져야 한다.

02 다음 중 가장 적절한 연구문제는 무엇인가?

① 신자유주의는 바람직한가?
② 학력수준에 따라 경제수준은 차이가 있다.
③ 사랑의 감정을 느끼면 아름다워지는가?
④ 가정폭력은 청소년 비행에 어떤 영향을 주는가?
⑤ 경제적인 여유는 여가생활에 긍정적인 영향을 주는가?

03 과학적 조사의 과정에서 제일 먼저 이루어져야 할 것은 무엇인가?

① 자료수집　② 연구문제 형성　③ 조사설계
④ 가설설정　⑤ 표본추출

04 연구문제의 선정기준에 관한 설명 중 틀린 것은?

① 실행가능성이 있어야 한다.
② 창의적이어야 한다.
③ 연구대상자의 확보가 가능해야 한다.

④ 연구자의 취향에 꼭 맞는 것이어야 한다.
⑤ 지식축적에 기여할 수 있어야 한다.

05 연구문제를 도출하는 원천에 해당되지 않는 것은 무엇인가?

① 기존 지식체계 ② 사회적 요청
③ 개인적 경험 ④ 연구방법론
⑤ 추가지식의 축적 필요성

06 연구에서 다루고자 하는 주제나 조사의 목적, 연구의 중요성과 이론적 의의 등에 관한 명백한 구상을 갖고 이를 논리적으로 정립하는 단계는 연구의 과정에서 어떤 단계인가?

① 조사설계 ② 보고서 작성 ③ 연구문제 선정
④ 자료수집 ⑤ 예비조사

07 과학적 연구의 분석단위에 관한 설명으로 틀린 것은?

① 어떤 분석단위(집단 등)를 채택하여 연구한 결과 얻은 결론을 다른 수준의 분석단위(개인 등)에 적용시키는 오류를 환원주의적 오류라고 한다.
② '여성은 집 밖에서 일하는 시간이 적기 때문에 남성보다 TV 시청 시간이 많다'는 사례에서의 분석단위는 개인이다.
③ 분석단위에는 개인, 집단, 프로그램, 조직, 제도, 사회적 생성물 등으로 분류할 수 있다.
④ 분석단위는 연구자가 그 속성 또는 특징에 관한 자료를 수집하고 기술, 설명하고자 하는 사람이나 사물을 의미한다.
⑤ 생태학적 오류, 개인주의적 오류, 환원주의적 오류는 분석단위 오류이다.

08 개인을 분석단위로 연구를 수행한 후 이 결과를 집단이나 사회 또는 국가에 대해 일반화할 때 발생하는 오류는 무엇인가?

① 생태학적 오류 ② 개인주의적 오류 ③ 통계분석 오류
④ 일반화 오류 ⑤ 체계적 오류

09 다음 중 집단을 분석단위로 수행한 연구결과를 개인에게 적용함으로써 나타나는 오류는 무엇인가?

① 생태학적 오류 ② 개인주의적 오류
③ 통계분석 오류 ④ 일반화 오류
⑤ 메타 오류

10 조사방법론 강의를 수강한 학생들을 대상으로 이들의 성별과 학년을 조사하여 성별 분포비와 학년의 구성비를 구한다고 할 때, 설명단위와 분석단위를 올바르게 제시한 것은 어느 것인가?

① 수강자 집단 – 수강자 개인
② 수강자 개인 – 수강자 집단
③ 수강자 개인 – 프로그램
④ 수강자 집단 – 수강자 집단
⑤ 수강자 개인 – 수강자 개인

11 생태학적 오류와 개인주의적 오류에 대하여 예를 들어 설명하여라.

12 분석단위의 의미와 종류는 무엇인가?

chapter

03

예비조사

03 예비조사

연구문제가 결정되면 해당 연구문제에 대한 연구가 현실적으로 가능한지 진단해야 하는데, 이 과정을 **예비조사**pilot study라고 한다.

다시 말해 **예비조사**란, 연구문제의 형성과 개념적 준거틀 및 가설의 설정 사이에 이루어지는 절차로써, 기존 연구들의 동향 파악, 해당 연구를 위한 필요요소 및 실현가능성 확인 등을 위한 탐색적인 성격의 조사이다. 따라서 조사설계에서 다루고 있는 **탐색적 조사설계**와 동일한 개념이라고 할 수 있다. 예비조사는 개념적 준거틀 및 가설의 설정에 필요한 각종 개념의 추출, 개념 간의 관계파악을 위해 반드시 필요하다. 예비조사의 방법으로는 **기존 문헌검토**, **전문가조사**, **경험자조사**, **사례조사**, **현지조사**가 있다.

단원 연습문제 3

01 개념적 준거틀 및 가설의 설정에 필요한 각종 개념의 추출 및 개념 간의 관계 파악을 위해 반드시 필요한 절차는 무엇인가?

① 예비조사 ② 연구문제 형성 ③ 조사설계
④ 자료수집 ⑤ 변수선정

02 다음 중 예비조사의 방법이 아닌 것은?

① 기존 문헌검토 ② 전문가조사 ③ 현지조사
④ 사례조사 ⑤ 집합조사

03 예비조사의 목적은 무엇이며 어떤 자료를 사용하는지 기술하여라.

chapter 04

개념적 준거틀 및 가설 설정

04 개념적 준거틀 및 가설 설정

4.1. 이론과 개념

이론이란, 현상을 설명하고 예측할 목적으로 변수들 간의 관계를 구체적으로 밝힘으로써 현상에 대한 체계적 견해를 제공하는 일단의 상호관련된 개념이나 정의 혹은 명제들을 지칭한다. 이론은 사회현상을 설명하고 예측하는데 있어서 전제로 쓰이며 경험적 연구의 지침이 된다. 이론의 본질적 기능은 사회현상 및 사건에 대한 이해와 설명을 제공하는 것이며, 과학적 연구과정에서의 기능은 연구문제와 관련된 주요 개념들을 파악하고, 연구문제의 범위와 내용을 규정하며, 연구의 개념적 준거틀 및 가설설정의 근거를 제공하는 것이다. **이론**을 **평가**하기 위한 **기준**으로는 첫째, **정확성**이 있어야 한다. 이론은 가능한 한 많은 변이variation를 설명하고 예측할 수 있어야 한다. 둘째, **일반성**을 갖춰야 한다. 적용되는 사회현상의 범위, 즉 일반성이 클수록 그 이론에 의해 설명될 수 있는 현상의 범위가 커진다. 셋째, **간결성**이 있어야 한다. 주어진 사건을 설명하는 데 사용되는 독립변수의 수가 적을수록 간명한 이론이다. 독립변수의 수가 증가할수록 이론의 정확성은 높아지지만 간결성은 떨어진다. 넷째, **인과성**을 들 수 있다. 원인과 결과 간의 관계에서 외생변수제3의 변수가 개입될 여지가 없어야 한다. 다섯째, **객관성**이다. 객관성이란 여러 학자들이 동의할 수 있는 정도를 뜻한다.

한편 **개념**이란, 여러 가지 사건 및 현상들을 인지할 수 있도록 하나의 용어로 추상화한 것이다. 가령 사랑이란 개념이 존재하지 않는다면 우리는 사랑

함으로써 겪는 느낌이나 감정 혹은 신체적·정서적인 변화와 상태를 인지하고 공유할 수 없을 것이다. 이처럼 개념은 경험적 현상의 속성을 묘사함으로써, 인식과 정보를 전달하는 **의사소통 기능**, 사회현상을 보는 **시각**을 **제공**하는 **기능**, **일반화의 기능**을 수행한다. **개념의 조건**으로는 **한정성**, **제일성**, **구체성 및 일반성**이 있어야 하는데, 한정성이란, 개념의 명확성 수준을 의미하며, 사실 또는 현상의 특징을 명확하고 한정적으로 나타내야 한다는 것이다. 제일성은 하나의 개념은 하나의 뜻으로 이해되어야 됨을 뜻한다. 구체성 및 일반성은 개념의 추상화 정도가 구체적이고 일반성이 있어야 함을 의미한다. 개념은 **개념적 정의**conceptual definition를 통해 정제되고, **조작적 정의**operational definition를 거치면서 측정될 수 있다. **개념적 정의**란, '무엇은 무엇이다' 식의 **사전적 정의**를 말하는데, 해당 연구에서 사용되는 개념의 뜻을 명료하게 풀이해 준다. 개념적 정의는 개념에 대한 다양한 정의 중에서 해당 연구의 관심과 초점에 합당한 정의를 규정하는 작업일 뿐이며 좋고 나쁨을 판단하는 것은 아니다. 개념적 정의가 이루어진 후에는 조작적 정의를 거친다. **조작적 정의**는 추상적인 개념을 경험적으로 확인·측정할 수 있도록 **관찰가능한 구체적인 지표로 바꾸어 표현하는 것**이다. 즉, 개념을 측정하거나 실험변수에 조작을 가할 때 연구자의 활동을 구체적으로 명시한 일종의 지침이라 할 수 있다. 조작적 정의를 거치게 됨에 따라 감각기관으로 인지할 수 있도록 측정이 가능한 것이다.

4.2. 개념적 준거틀

개념적 준거틀conceptual framework은 흔히 **연구모형**이라고도 하며, 연구문제에 포함된 개념들을 구성요소로 하여 이들의 관계를 연결한 하나의 시스템이다. 이러한 준거틀은 도표나 등식 또는 다른 추상적인 형태로 표현될 수 있는데, 흔히 도표를 주로 활용하여 표현한다. 연구모형은 현상들을 구성하는 핵심들을 모아서 구조화시켜 놓은 것으로써, 복잡한 사회현상을 쉽고 간결하게 이해하기 위해 작성한다. '직무 만족도'에 대한 연구를 수행한다고 가정해 보자. 직무 만족도는 여러 가지 요소들 가령, 보수수준, 후생복리, 담당업무 등의 영향을 받을 것이다. 이를 연구모형으로 표현하면 다음과 같을 것이다.

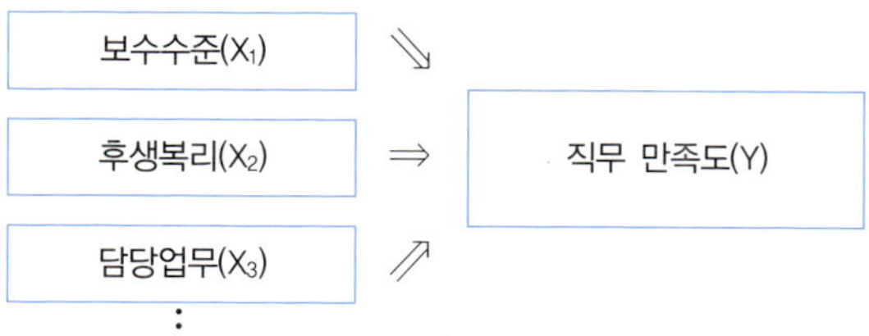

| 그림 4-1 | 도표형태의 연구모형 예시

연구모형을 구성하기 위해서는 먼저, **주요 개념**을 **식별**해야 한다. 다음으로는 **변수 간의 관계**를 **설정**한다. 변수들의 관계는 대칭적 관계$_{X \leftrightarrow Y}$, 상호인과적 관계$_{X \rightleftarrows Y}$, 인과적 관계$_{X \rightarrow Y}$가 있다. 마지막으로, **위치**를 **선정**한다. 위치는 보편적으로 독립변수$_X$ → 종속변수$_Y$의 형태이다.

✓ 서베이$_{survey}$연구에서 연구주제로 연구모형 구상하기

※ 연구의 방향
- 연구목적(종속변수)으로 대기업 직원의 '자기효능감'에 어떠한 요인들이 영향을 크게 미치는지 연구하기로 함.
- 연구자는 '자기효능감'에 대한 개념적 정의를 충분히 숙지한 상태임.

〈독립변수(1개) → 종속변수(1개)〉

① 상자 2개를 그린 후, 종속변수의 위치(오른쪽)에 '자기효능감'을 위치시키는데, 이때 '자기효능감'을 측정할 수 있는 척도(질문문항들)는 본인의 연구방향에 가장 부합되는 검증된 척도를 학술연구정보서비스(www.riss.kr) 등에서 타인의 연구성과물을 통해 확보한 상태이어야 함.

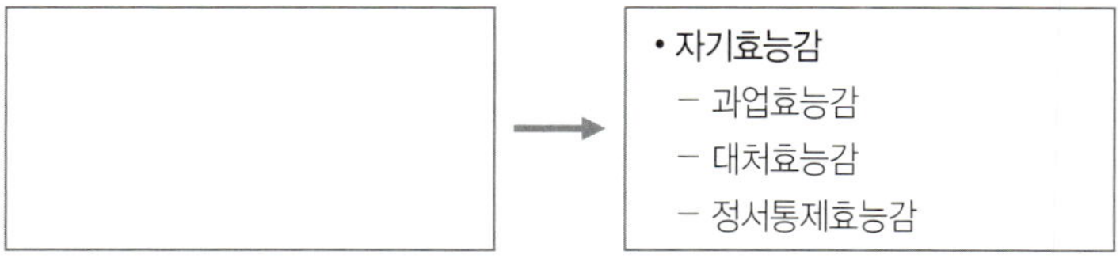

※ Tipton & Worthington(1984)의 자기효능감 척도

② '자기효능감'에 영향을 주는 많은 요인들 중 본인이 연구하고 싶은 독립변수('다차원지지')를 오른쪽 상자 안에 위치시킴. 이때 '자기효능감'에 영향을 주는 원인으로 다수의 선행연구자들이 가장 많이 지적하고 있는 사항을 독립변수로 추려보는 것도 하나의 방법임.

- 다차원 지지
  - 친구의 이용가능성
  - 슈퍼바이저의 적절성
  - 슈퍼바이저의 이용가능성
  - 동료 적절성
  - 동료 이용가능성

→

- 자기효능감
  - 과업효능감
  - 대처효능감
  - 정서통제효능감

※ Tipton & Worthington(1984)의 자기효능감 척도

※ Winefield, Winefiedld & Tiggemann(1992)의 다차원 지지 척도

〈독립변수(1개) → 종속변수(2개)〉

① 상자 3개를 아래와 같이 그린 후, 종속변수의 위치(오른쪽)에 '자기효능감'과 '자아정체감'을 위치시킴

↘

- 자기효능감
  - 과업효능감
  - 대처효능감
  - 정서통제효능감

↗

- 자아정체감
  - 안정성
  - 목표지향성
  - 독특성
  - 대인역할기대
  - 자기수용
  - 자기주장
  - 자기존재의식
  - 대인관계

※ Tipton & Worthington(1984)의 자기효능감 척도

※ Dignan(1965)의 자아정체감 척도

② '자기효능감'과 '자아정체감'에 영향을 주는 요인인 '다차원 지지'를 왼쪽에 위치시키는데, 이때 주의할 점은 두 종속변수의 개념적 차이가 명확하게 나타나야 함. 독립변수와 종속변수는 반드시 선행연구를 심도 있게 살펴본 후 각각 선정해야 함

- 다차원 지지
  - 친구의 이용가능성
  - 슈퍼바이저의 적절성
  - 슈퍼바이저의 이용가능성
  - 동료 적절성
  - 동료 이용가능성

↘

- 자기효능감
  - 과업효능감
  - 대처효능감
  - 정서통제효능감

↗

- 자아정체감
  - 안정성
  - 목표지향성
  - 독특성
  - 대인역할기대
  - 자기수용
  - 자기주장
  - 자기존재의식
  - 대인관계

※ Tipton & Worthington(1984)의 자기효능감 척도
※ Dignan(1965)의 자아정체감 척도
※ Winefield, Winefiedld & Tiggemann(1992)의 다차원 지지 척도

〈독립변수(2개) → 종속변수(1개)〉

① 상자 3개를 아래와 같이 그린 후, 종속변수의 위치(오른쪽)에 '자기효능감'을 위치시킴.

↘ ↗

- 자기효능감
  - 과업효능감
  - 대처효능감
  - 정서통제효능감

※ Tipton & Worthington(1984)의 자기효능감 척도

② 독립변수로 선정한 '자기통제기술'과 '다차원 지지'를 오른쪽에 각각 기입함. 이때 두 독립변수가 상관관계를 의심할 수 있는 유사한 개념이면 적절한 연구모형이 아니므로 독립변수를 다른 개념으로 재선정해야 함. 독립변수와 종속변수는 반드시 선행연구를 심도 있게 살펴본 후 각각 선정해야 함.

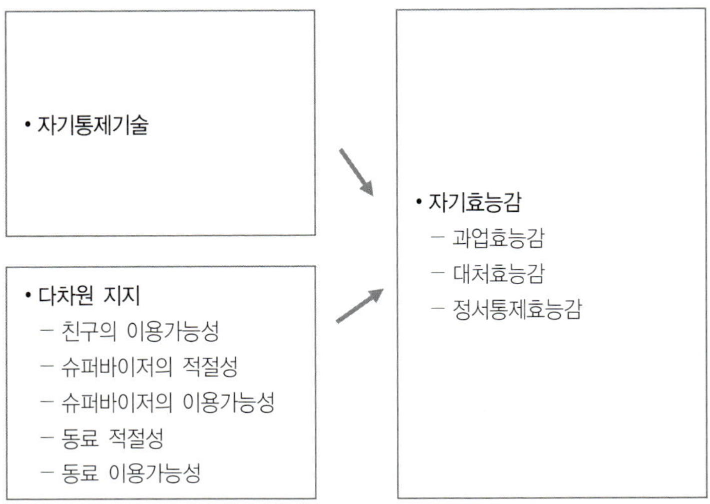

※ Tipton & Worthington(1984)의 <u>자기효능감</u> 척도

※ Rosenbaum(1980)의 <u>자기통제기술</u> 척도

※ Winefield, Winefiedld & Tiggemann(1992)의 <u>다차원 지지</u> 척도

※ 연구의 방향

– 대기업 직원의 다차원 지지가 자기효능감에 미치는 영향 연구 : 대처기제의 <u>매개효과</u>를 중심으로

〈독립변수(1개) → 매개변수(1개) → 종속변수(1개)〉

① 상자 3개를 아래와 같이 그린 후, 독립변수와 종속변수에 각각 '다차원 지지'와 '자기효능감'을 위치시킴.

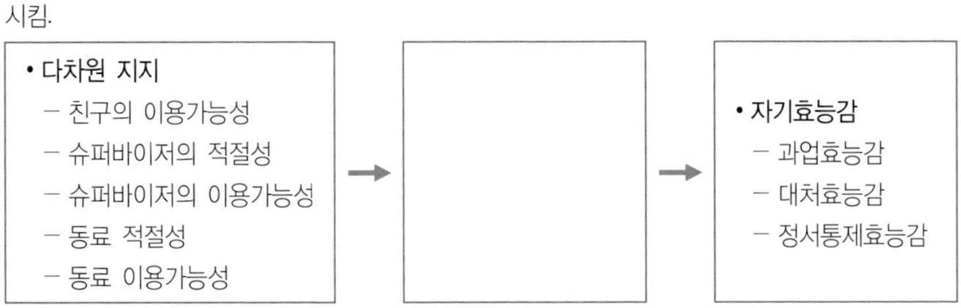

※ Tipton & Worthington(1984)의 <u>자기효능감</u> 척도

※ Winefield, Winefiedld & Tiggemann(1992)의 <u>다차원 지지</u> 척도

② 가운데 상자에 매개변수로 선정한 '대처기제'를 위치시킴. 이때 매개변수의 선정 역시 독립변수와 종속변수와 마찬가지로 선행연구를 충분히 고찰한 후 선정해야 함.

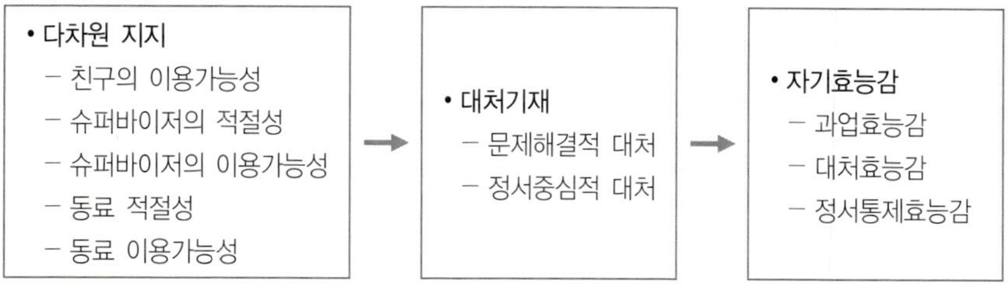

※ Tipton & Worthington(1984)의 자기효능감 척도

※ Carver, Weintraub & Scheier(1989)의 대처기제 척도

※ Winefield, Winefiedld & Tiggemann(1992)의 다차원 지지 척도

※ 연구의 방향

– 대기업 직원의 다차원 지지가 자기효능감에 미치는 영향 연구 : 대처기제의 조절효과를 중심으로

〈독립변수(1개) → 조절변수(1개) → 종속변수(1개)〉

① 상자 3개를 아래와 같이 그린 후, 독립변수와 종속변수에 각각 '다차원 지지'와 '자기효능감'을 위치시킴.

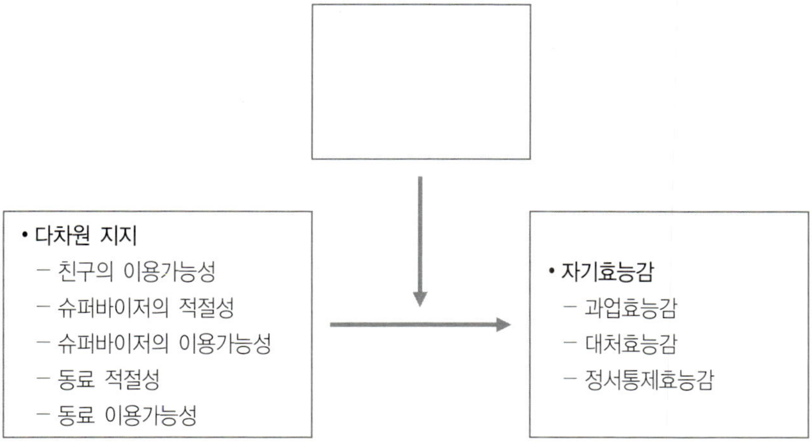

※ Tipton & Worthington(1984)의 자기효능감 척도

※ Winefield, Winefiedld & Tiggemann(1992)의 다차원 지지 척도

② 가운데 상자에 조절변수(대처기제)를 기입함. 조절변수 역시 선행연구를 충분히 고찰한 후 선정해야 함.

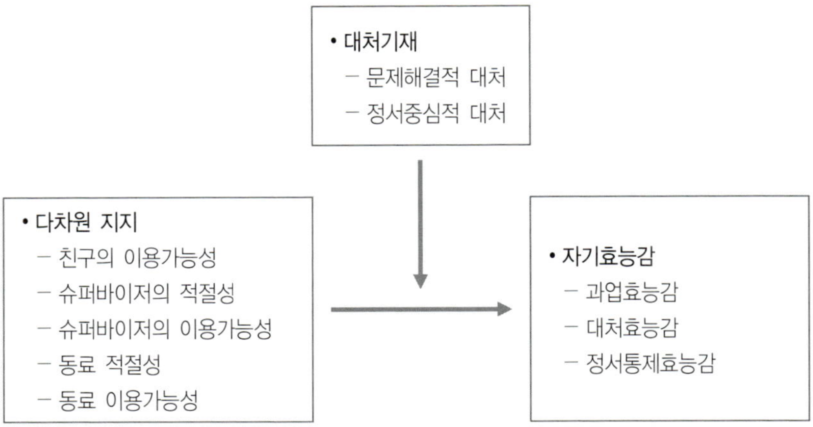

※ Tipton & Worthington(1984)의 자기효능감 척도
※ Carver, Weintraub & Scheier(1989)의 대처기제 척도
※ Winefield, Winefiedld & Tiggemann(1992)의 다차원 지지 척도

4.3. 가 설

가설이란, **두 개 이상의 변수 또는 현상 간의 관계를 검증가능한 형태로 서술한 하나의 문장** 또는 **연구문제에 대한 잠재적 결론**으로서 과학적 조사에 의하여 경험적 검증을 거칠 것을 요구하는 것이다. 가설은 흔히 독립변수와 종속변수의 관계로 표현되며, 서술문의 형식을 취한다. 가령 '변수 A와 B는 관련이 있다' 혹은 'A가 높을수록 B도 높다'와 같은 형태이다. **가설** 세 가지 **기능**을 수행한다. 첫째, **이론의 검증**이다. 이론 그 자체를 직접 검증할 수는 없기에 이론으로써 사회현상을 설명하기 위해서는 가설을 세워 이를 검증해야 한다. 둘째, **이론의 제시** 기능을 수행한다. 검증된 가설의 결과에 근거하여 이론이 구성되기도 한다. 셋째, **사회현상의 기술 및 지식 증가**이다. 가설 검증결과로 정보를 축적하고, 사회현상의 발생원인에 대하여 연구자가 가지고 있는 지식을 증가시켜 준다.

가설은 연구의 목적과 통계적 검증단계에 의해 분류할 수 있다. 먼저 연구의 목적에 따라서는 기술적 가설과 설명적 가설로 분류된다. 기술적 가설이란, 현상의 정확한 기술, 즉 사실을 밝히는 것을 목적으로 하는 가설이며, 설명적 가설이란, 인과관계를 규명하기 위한 가설을 뜻한다. 다음으로 **통계적 검증단계에 의한 분류**를 보면, **대립가설**research hypothesis, H_1=H_a과 **귀무가설**null hypothesis, H_0, 영가설로 분류된다. **대립가설**은 통상 연구가설과 같다고 정의되는데[1), **연구문제에 대한 잠정적 해답**이며, **연구자가 제시한 가설,** 즉 **연구자가 궁극적으로 밝히고 싶은 내용**이다. '직급에 따라 직무 만족도는 차이가 있다'와 같이 **"~있다"의 형식**을 취한다. 반면 **귀무가설**은 **기각을 목적으로 수립되는 가설**로써, **대립가설과 논리적으로 반대의 입장**을 취한다. '직급에 따라 직무만족도는 차이가 없다'와 같이 **"~없다"의 형식**이다.

또한 유용한 가설은 몇 가지 조건을 충족해야 한다. 먼저 **경험적으로 검증이 가능해야 한다**. 가설은 경험적으로 옳고 그름을 판단할 수 있어야 하는 것이다. 다음으로 **입증의 명백성이 있어야 한다**. 가설은 명백하게 입증이 가능하도록 구성되어야 한다. 또한 **개연성이 있어야 한다**. 가설은 연구문제의 정답에 대한 잠정적인 추정이므로 개연성이 충족되어야 한다. 더불어 **논리적으로 간결해야 한다**. 가설은 변수들 간의 관계를 간단한 논리로 설명이 가능해야 한다. 마지막으로 **계량화가 가능해야 한다**. 가설은 통계적으로 분석할 수 있어야 하기 때문이다.

4.4. 변 수

변수變數, variable는 어떤 관계나 범위 안에서 여러 가지 값으로 변할 수 있는 수로써, 측정가능한 개념이며, 경험적 세계의 속성을 나타낸다는 점에서 개념과 의미적 차이가 있다.

---

1) 대립가설은 '~이 있다'는 형식을 취하므로 정확한 관점에서 대립가설과 연구가설은 완벽하게 일치되지는 않는다. 예를 들어, 특정 연구가 '차이가 없음'을 밝히는 것이 목적인 경우에는 연구가설이 바로 귀무가설이다. 따라서 대립가설=연구가설이라는 공식이 성립되지 않는다. 보편적으로 차이가 없는 것을 알기 위한 연구는 수행하지 않으므로 대립가설과 연구가설이 같다고 기술되는 것이다.

변수는 관심을 가지고 있는 대상의 경험적 속성empirical property을 나타내면서 그 속성에 계량적인 수치를 부여할 수 있는 개념 또는 경험적으로 측정가능한 개념이라고 정의내릴 수 있다.

변수의 가장 대표적인 종류로는 **독립변수**獨立變數, independent variable와 **종속변수**從屬變數, dependent variable가 있다. 흔히 X로 표현되는 독립변수는 종속변수의 변화를 이끌어내는 원인변수이며 예측변수이고 영향을 주는 변수이다[2]. 반면 종속변수는 흔히 Y로 표현되는데 독립변수로 인한 결과변수, 예측되어지는 변수, 영향을 받는 변수이다.

독립변수와 종속변수의 관계에 개입하여 해당 관계에 영향을 주는 제3의 변수에 대해 Morris Rosenberg(1968)는 외재적 변수外在的 變數, extraneous variable, 매개변수媒介變數, intervening variable, 선행변수先行變數, antecedent variable, 구성변수構成變數, component variable, 억제변수抑制變數, suppressor variable, 왜곡변수歪曲變數, distorter variable 등 여섯 가지로 구분하였다[3]. **외재적 변수**는 다른 말로 **허위변수**虛僞變數, spurious variable라고도 하며, 독립·종속변수와 관계가 표면적으로는 인과적 관계에 있는 것처럼 보이지만 사실은 두 변수가 우연히 어떤 변수와 연결됨으로써 관계가 있는 것처럼 보이는 변수이다. **매개변수**는 독립변수와 종속변수 사이에 개입하여 두 변수 사이를 매개하는 변수로써, 매개변수를 통제하였을 경우 독립·종속변수 사이의 원초관계는 소멸·약화되기도 한다. **선행변수**는 제3의 변수가 독립·종속변수보다 선행하여 작용하는 경우로써, 선행변수를 통제해도 독립·종속변수 사이의 관계는 사라지지 않으나 독립변수를 통제하는 경우 선행·종속변수 사이의 관계는 약화되거나 사라지게 된다. **구성변수**는 사회계층이라는 개념은 교육수준·직업·수입 등과 같은 하위개념으로 구성되는데, 이처럼 포괄적 개념의 하위개념을 구성변수라 한다. **억제변수**는 독립·종속변수 사이에서 작용하여 실제로는 인과관계가 있으나 없는 것처럼 보이게 만드는 변수이다. **왜곡변수**는 독립·종속변수 간의 관계를 정반대의 관계로 나타나게 하는 변수를 지칭한다.

2) 실험설계에서는 실험변수를 독립변수라 할 수 있다

3) 이밖에 독립·종속변수 간의 관계의 정도를 과소 또는 과대하게 보이도록 만드는 혼란변수混亂變數, confounding variable도 제3의 변수라 할 수 있다.

한편 척도의 수준에 따라 범주변수範疇變數, categorical variable와 연속변수連續變數, continuous variable로 구분된다. 범주변수는 명목척도와 서열척도의 측정값을 갖는 변수이며, 수학적 연산이 불가능하기에 비계량적 변수라 지칭한다. 반면 연속변수는 등간수준 및 비율수준의 척도의 측정값을 갖는 변수로써, 수학적 연산이 가능하기에 계량변수라고도 한다[4].

4) 통상 범주변수는 질적 변수, 연속변수는 양적 변수라고도 한다.

단원 연습문제 4

01 다음 중 이론의 평가기준이 될 수 없는 것은 무엇인가?

① 정확성 ② 일반성 ③ 간명성
④ 주관성 ⑤ 인과성

02 이론의 본질적 기능에 대한 진술 중 옳은 것은?

① 연구문제에 대한 잠정적인 결론을 제시해 준다.
② 복잡하고 난해한 사회현상이나 사건에 대한 이해와 설명을 제공해 준다.
③ 가설설정의 근거를 제공한다.
④ 일정한 측정단위에 의해 계량화가 가능하게 해준다.
⑤ 사회문제에 대한 해결방안을 모색해 준다.

03 개념적 준거틀 또는 연구모형에 대한 설명이 적절한 것은?

① 현상을 설명하고 예측할 목적으로 변수들 간에 관계를 구체적으로 밝혀준다.
② 현상에 대한 체계적 견해를 제공하는 일단의 상호 관련된 개념이나 정의 또는 명제들을 지칭한다.
③ 연구문제에 포함된 개념들을 구성요소로 하고 이들 구성요소들 간의 관계를 연결한 하나의 시스템이다.
④ 변수와 변수 간의 인과관계를 구체화하는 일련의 체계적으로 연관된 명제이다.
⑤ 경험적 규칙성을 도출하고 측정을 가능하게 해주는 논리적인 명제이다.

04 좋은 이론의 조건에 해당되지 않는 것은 무엇인가?

① 논리적으로 일관성이 있어야 한다.
② 이론이 제시하는 내용은 사회현상을 완벽히 설명해야 한다.
③ 관찰을 통해 경험적이고 과학적으로 검증이 가능해야 한다.
④ 상호관련성이 있어야 한다.
⑤ 연구의 준거틀 및 가설설정의 근거를 제공해야 한다.

05 다음 중 개념의 구비조건이 아닌 것은?

① 한정성 ② 구체성 ③ 일반성
④ 제일성 ⑤ 상징성

06 개념에 대해 '무엇은 무엇이다'와 같이 사전적으로 정의를 내리는 것으로써, 해당 연구에서 사용되는 개념의 뜻을 명료하게 풀이해주는 것을 무엇이라 하는가?

① 개념적 정의 ② 조작적 정의 ③ 구체적 정의
④ 현실적 정의 ⑤ 추상적 정의

07 개념을 측정이 가능하도록 수치를 부여하는 것으로써, 경험적 준거와 연결시켜 규정하는 것을 무엇이라 하는가?

① 개념적 정의 ② 조작적 정의 ③ 구체적 정의
④ 현실적 정의 ⑤ 추상적 정의

08 다음 중 성격이 다른 하나는 무엇인가?

① 독립변수 ② 원인변수 ③ 예측변수
④ 영향변수 ⑤ 종속변수

09 독립변수와 종속변수 사이에서 교량역할을 수행하는 변수로써, 독립변수의 결과인 동시에 종속변수의 원인이 되는 변수는 무엇인가?

① 억제변수 ② 구성변수 ③ 왜곡변수
④ 매개변수 ⑤ 혼란변수

10 다음은 어떤 변수에 대한 설명인가?

> 어떤 변수가 검정요인으로 통제되면 원래 관계가 없는 것으로 나타났던 두 변수가 유관하게 나타난다.

① 예측변수 ② 왜곡변수 ③ 억제변수
④ 종속변수 ⑤ 독립변수

11 변수 간의 인과관계를 규명하는 데 적합한 관계는 무엇인가?

① 대칭적 관계 ② 상호인과적 관계
③ 상관관계 ④ 비대칭적 관계
⑤ 허위관계

12 두 개 이상의 변수 또는 현상 간의 관계를 검증가능한 형태로 서술한 하나의 문장 또는 연구문제에 대한 잠재적 결론을 무엇이라 하는가?

① 가설 ② 이론 ③ 패러다임
④ 학설 ⑤ 연구모형

13 다음 중 개념적 준거틀을 만드는 순서로 옳게 나열된 것은 무엇인가?

① 변수 간 관계의 고려 → 변수목록의 선정 → 연구문제의 점검 → 변수의 위치설정
② 변수목록의 선정 → 변수 간 관계의 고려 → 변수의 위치설정 → 연구문제의 점검

③ 변수 간 관계의 고려 → 변수목록의 선정 → 연구문제의 점검 → 변수 간 위치설정
④ 연구문제의 점검 → 변수목록의 선정 → 변수 간 관계의 고려 → 변수의 위치설정
⑤ 연구문제의 점검 → 변수목록의 선정 → 변수의 위치설정 → 변수 간 관계의 고려

14 연구모형의 기능이 아닌 것은 무엇인가?

① 경험적 조사연구 결과에 의미를 부여하는 구조가 된다.
② 연구자의 조사목표나 연구문제를 제시할 수 있게 해준다.
③ 앞으로의 연구범위를 한정하는 기능을 가진다.
④ 연구자가 고려해야 할 변수와 이들 간의 관계를 확인할 수 있다.
⑤ 가설을 연역해낼 수 있는 전제로서의 기능을 수행한다.

15 가설에 대한 진술로써 가장 적절한 것은 무엇인가?

① 가설은 의문문의 형태를 취한다.
② 가설은 이미 검증된 진술이다.
③ 가설은 원인과 결과에 관한 것에 국한된다.
④ 가설은 정적 관계에 대한 진술이다.
⑤ 가설은 연구문제에 대한 잠정적 결론이다.

16 가설의 평가기준으로 적절하지 않은 것은 무엇인가?

① 개연성
② 보편성
③ 다른 이론 및 가설과의 연관성
④ 검증 가능성
⑤ 간결성

17 '신체적으로 건강하고 부유한 사람은 생활만족도가 높을 것이다'와 같은 가설은 다음 중 어떤 가설인가?

① 영가설 ② 귀무가설 ③ 대립가설
④ 쌍열가설 ⑤ 연구가설

18 가설에 대한 다음의 설명 중 가장 거리가 먼 것은 무엇인가?

① 두 변수 사이의 관계를 이론적으로 검증하도록 한다.
② 두 변수 사이의 관계를 경험적으로 조사하고 검증하도록 한다.
③ 조사활동의 기초를 형성한다.
④ 두 변수 사이의 관계를 진술한다.
⑤ 어떤 자료를 수집하고 어떻게 분석할 것인가를 결정하도록 돕는다.

19 다음의 가설 중 바람직하지 못한 것은 어떤 것인가?

① 교육기간이 많을수록 소득수준이 높다.
② 공단지역은 주거지역에 비해 교통사고가 높게 나타난다.
③ 신자유주의는 바람직하다.
④ 남자의 제품만족도가 여자의 제품만족도에 비해 높다.
⑤ 경력이 높을수록 업무능력이 높다.

20 '보수만족도가 높을수록 조직몰입이 증가되며, 증가된 조직몰입으로 인해 업무만족도가 높을 것이다'라는 가설을 설정하였다. 이때 조직몰입은 무슨 변수에 해당되는가?

① 매개변수 ② 종속변수 ③ 허위변수
④ 독립변수 ⑤ 억제변수

21 가설의 특징으로 옳지 않은 것은?

① 명확성 ② 경험적 검증 가능성

③ 가치중립성 ④ 일반성
⑤ 현실성

22 **로젠버그 검정요인 중 외재적 변수, 매개변수, 억제변수, 선행변수의 의미를 간략히 약술하여라.**

chapter 05

조사설계

05 조사설계[1)]

5.1. 탐색적 조사설계

탐색적 조사설계는 연구문제를 발견하고 변수를 규명하며, 가설의 도출을 위해 실시하는 조사로써 주로 본 조사를 위한 **예비적 조사**로서 실시한다. 즉, 예비조사와 같다고 볼 수 있다.

탐색적 조사설계는 ① 개념을 분명히 할 수 있고 연구의 우선 순위 파악을 가능하도록 하고, ② 조사를 시행하기 위한 절차와 행위를 구체화시켜주며, ③ 조사연구를 시행하는 데 필요한 관련정보의 입수를 돕는다.

탐색적 조사설계의 방법으로는 첫째, 가장 경제적이고 신속한 방법으로써, 기존에 발간된 문헌을 이용하는 **문헌검토**, 주어진 문제에 대한 전문적인 지식과 경험을 가진 전문가들로부터 정보를 얻어내는 방법으로 문헌조사의 보완적인 수단인 **전문가조사**, 유사 연구를 수행해본 경험을 가진 사람에게 도움을 받는 **경험자조사**, 주어진 문제와 유사한 사례를 찾아내어 분석하는 **사례조사** 등이 있다.

탐색적 조사설계의 기법에는 5~12명 정도의 전문가 및 이해관계자가 모여 동등한 조건 아래 무형식으로 토의를 진행하고, 연구자는 이 토의내용에서 중요·필요한 사항을 발췌해내는 **브레인스토밍법**brain storming, 전문지식을 보유한 조사자가 소수의 응답자 집단을 대상으로 특정한 주제에 대하여 토론을 벌이게 하는 것으로, 토론의 내용 가운데에서 필요한 정보를 찾는 **표적집단면접법**

1) 본 단원은 Research Design으로써, 연구설계가 정확한 의미에 가까울 것이다. 그러나 보편적인 쓰임에 입각하여 조사설계라는 명칭을 부여했다. 이는 Research Method를 연구방법론보다는 조사방법론으로 칭하는 것과 동일한 맥락이다.

Focus Group Interview, FGI, 특정 주제에 대해서 전문가패널을 구성하여 애매모호하고 추상적인 개념을 세분화하여 반복적으로 조사하고 이를 구체화하는 기법으로써, 익명성과 환류feedback가 매우 중요한 **델파이**delphi 등이 있다.

5.2. 기술적 조사설계

기술적 조사설계는 현상이나 모집단의 특성에 대한 분포・발생빈도 등 여러 가지 특성을 파악하기 위해 실시하는 조사로써, **횡단 조사**cross-sectional approach, **종단 조사**longitudinal approach, **유사종단 조사**quasi-longitudinal research로 분류할 수 있다.

횡단 조사는 고정시점에서 많은 표본을 대상으로 수행한다. 다시 말해서, 일정 시점을 기준으로 모든 관련변수에 대한 자료를 수집하는 연구로써, 대부분의 사회과학의 조사연구가 해당된다. 연구대상이 지리적으로 넓게 분포되어 있고, 연구대상의 수가 많으며, 많은 변수에 대한 자료를 수집해야 할 필요성이 큰 경우에 적절하다. 대표적으로 현황 조사, 마케팅 조사, 시장 조사, 여론 조사 등이 해당된다.

종단 조사는 반복시점에서 적은 표본을 대상으로 한다. 한 연구대상을 일정 기간 동안 관찰하여 그 대상의 변화를 파악하는 데 초점을 두고 있다. 종단적 조사는 어떤 연구의 동태적 변화나 발전과정의 연구에는 최적이다. 대표적으로 **추세 연구**trend study, **코호트 연구**cohort study, **패널 연구**panel study가 있다. **추세 연구**는 일정 기간 동안 어떤 광범위한 연구대상의 속성을 여러 시기를 두고 관찰 및 비교하는 방법으로써 가령, 백화점의 여성복 코너를 선정하여 이곳에 방문하는 불특정다수에게 여러 차례 반복적으로 자료를 수집하는 행위가 해당된다. 다음으로 **코호트 연구**는 다른 용어로 동기생 혹은 동년배연구라 지칭하는데, 일정 기간 동안 어떤 한정된 부분 모집단의 변화를 연구하는 방법으로써, 특정 경험을 같이하는 사람들이 갖는 특성들에 대해 두 번 이상의 다른 시기에 걸쳐서 비교・연구하는 방법이다. 가령 월남전을 경험한 사람들의 전쟁에 대한 태도 변화를 연구하기 위해 매 5년마다 그들에게 설문조사를 실시하여 지속적으로 연구하는 것과 같은 형태이다. 마지막으로 **패널연구**란, 패널panel이라 지칭되는 특정 응답자집단을 정해놓고 이들로부터 장시간에 걸쳐 지속적으로 필요한 정보를 얻어내는 조사방법이다. 이는 동일한 응답자 집단에 대하여 동일한 조사내용을 주기적·반복적으로 조사하여 시간의 흐름에 따른 변화를 추정하는 방법으로써, 시계열자료를 획득하기 어려운 서베이 리서치의 단점을 보완하기 위하여 개발되었다. 패널연구의 장점으로는 첫째, 사건에 대한 변화를 시계열적으로 분석할 수 있다. 계속적으로 정보를 얻을 수 있기 때문에 조사대상의 태도 및 행동변화에 대하여 분석할 수 있다. 둘째, 일반조사는 조사 종류와 함께 조사자 및 응답자의 관계가 종료되나 패널의 구성원은 일반적으로 조사에 계속적인 협조를 약속하기 때문에 추가적인 자료획득이 가능하다. 셋째, 계속적인 조사이기 때문에 한 번의 조사에서 생길 수 있는 오류를 제거하여 정확한 정보와 인과관계를 명백히 할 수 있다. 넷째, 비록 최초의 표본추출 및 장기적인 관리시스템의 구축에는 많은 비용이 소요되지만 조사수행만을 위한 비용은 상대적으로 적어 장기적인 관점에서는 독립적인 여러 번의 조사보다 경제적일 수 있다. 반면 단점으로는 첫째, 대표성이 높은 초기패널의 구성문제가 발생되며, 패널의 상실 및 탈락 혹은 타성에 젖어 불성실한 응답을 하는 오염과 같은 문제가 발생될 수 있다. 또한 동일한 조사내용을 가지고 지속적으로 조사하기 때문에 계속 같은 내용을 묻게 되므로 정보의 유연성이 부족하게 된다. 이외에도 시계열조사, 물가지수 등도 종단조사의 한 종류이다.

현실적으로는 종단조사를 실시할 때 많은 제약이 뒤따른다. 시간과 비용의 문제 외에도 상실이나 탈락, 오염 등의 문제로 인해 믿을 수 있는 연속된 자료를 보증받기 어려운 것이다. 이에 대한 대안적 의미를 지닌 것이 **유사종단적 조사**이다. 이는 횡단조사로 얻어진 자료를 이용하여 종단적으로 결론을 추론하는 행위이다. 예를 들어, 횡단조사에서 얻어진 자료 중 각 연령대(20대 이하, 30대, 40대, 50대 이상)별로 조직몰입을 비교한다고 가정해 보자. 만일 20대 이하보다는 30대, 30대보다는 40대, 40대보다는 50대 이상이 각각 조직몰입이 높게 나타났다면 이를 이용하여 연령이 높아질수록 조직몰입이 높아지는 경향을 보인다고 결론내릴 수 있다.

5.3. 인과관계

5.3.1. 인과관계 규명의 5규준

John Stuart Mill은 인과관계를 규명하는 기본 논리를 다섯 가지로 제시한 바 있으며, 이는 오늘날까지 설명적 조사설계의 기본적인 논리가 되고 있다.

첫째, **일치법**method of agreement[2)]이다. 이는 관찰하는 모든 현상에서 항상 한 가지 요소 또는 조건이 발견되면 그 현상과 요소는 인과적으로 연결되었다는 것이다. 예를 들어, 높은 성적을 내는 야구선수와 축구선수를 서로 비교한다고 가정해 보자. 두 선수 모두 실력이 뛰어나다는 공통적인 결과를 가지고 있다. 두 선수는 신장, 나이, 성별, 체중, 소속팀, 출신학교 등 모든 조건이 다르지만, 연습량이 매우 많다는 하나의 공통점을 가지고 있다. 이럴 경우, 실력이 뛰어나다는 결과는 공통적인 특성인 연습량이 많음에 기인된다고 유추할 수 있다. 이처럼 특정 현상이 발생하는 둘 이상의 사례에서 공통요소가 단 하나 발견된다면 그 요소가 바로 해당 현상의 원인 또는 결과가 된다는 것이 일치법의 논리이다. 일치법은 첫째, 다른 요소도 극히 중요함에도 불구하고 도외시될 가능성이 있고, 둘째, 원인과 결과가 우연적인 관계일 수 있으며, 셋째, 조사자의 착각으로 선후를 반대로 인식할 수 있고, 넷째, 인과관계의 정도를 표현하지 못하는 한계를 지닌다.

둘째, **차이법**method of difference이다. 이는 일치법과 대조적으로 현상이 발생하는 사례와 그렇지 않은 사례, 즉 서로 상이한 결과가 나타나는 사례를 비교하는

2) 또는 합의법이라고도 한다.

방법이다. 즉, a가 있으면 A라는 현상이 발생하고, a가 없으면 A라는 현상이 발생하지 않을 경우, a를 A의 원인이라고 추리할 수 있다. 예를 들어, 어느 요양원에 나이는 물론이고, 신체조건과 정서상태 등 대부분이 유사한 두 노인이 있다고 생각해 보자. 많은 점이 유사함에도 불구하고 두 노인 중 한 명은 건강이 호전되었고, 다른 한 명은 그렇지 않았다. 이와 같은 원인을 찾아본 결과, 건강해진 노인은 요양원의 건강증진 프로그램에 지속적으로 참여한 반면, 그렇지 않은 노인은 프로그램 참여를 거부하였다. 건강증진 프로그램의 참여와 비참여가 이와 같은 결과의 차이를 유발시킨 것이다. 이처럼 만약 특정 현상이 발생한 사례와 발생하지 않은 사례가 있었을 때, 두 사례 간에 단 하나의 요소를 제외한 모든 요소를 공통적으로 가지고 있다면 그 다른 요소는 특정 현상의 원인 또는 결과가 된다는 것이 차이법의 논리라 할 수 있다. 차이법은 인과관계의 증명에 한정된 경험적 자료에 의존한다는 것과, 조건의 차이가 하나밖에 없는 현상을 찾기 어렵다는 두 가지 한계가 있다.

셋째, **일치 차이 병용법**joint method of agreement and difference[3])으로써, 이는 일치법과 차이법의 결합형태이다. 이 방법은 어떤 현상(A)을 가진 여러 예, 즉 적극적인 예들과 어떤 현상을 지니지 않는 여러 예, 즉 소극적인 예를 비교하여 인과관계를 추정하는 것으로, a가 있는 곳에 A가 있을 뿐만 아니라 a가 없는 곳에 A가 없다는 것을 밝힘으로써, a가 A의 유일한 원인임을 추리하는 방법이다. 만약 특정한 현상이 발생하는 둘 이상의 사례에서 하나의 공통요소만 가지고 있고, 그 현상이 발생하지 않는 둘 이상의 사례에서 그러한 공통요소가 없다는 점 외에 공통사항이 없다면 그 요소는 그 현상의 원인 또는 결과라는 것이다.

넷째, **잔여법**method of residues[4])이다. 잔여법은 남는 것에 대한 논의이다. 즉, 어떤 현상에서 귀납적 방법의 적용으로 인과관계가 이미 밝혀진 부분을 제외할 때, 그 현상에서의 나머지 부분은 나머지 선행요인이 원인 또는 결과가 된다는 것이다.

다섯째, **공동변화법**method of concomitant[5])은 공동으로 변화하는 것이 무엇인가에

3) 때에 따라 간접적 차이법, 일치 차이법 혹은 이중 일치법이라고도 한다.

4) 잔여법은 잉여법이라고도 한다.

초점을 둔 것이다. 어떤 현상이 변화할 때마다 다른 현상에 특정한 방법으로 변화가 발생한다면 그 현상은 다른 현상의 원인 또는 결과이거나 일정한 인과관계의 과정으로 연결되어 있음을 알 수 있다. 공동변화법의 한계로는 첫째, 시간적으로 동시에 일어날 경우 상호관련성만 강조하게 되며, 둘째, 검증의 확실성이 부족하다는 점이다.

5.3.2. 인과관계 추론의 3조건

John Stuart Mill은 설명적 조사설계를 이해하기 위한 인과관계 **추론의 3조건**을 제창하였다. 인과관계 추론의 3조건은 첫째, 원인이 되는 사건이나 현상은 시간적으로 결과보다 먼저 발생해야 한다는 **시간적 선후성 조건**시간적 우선순위, 원인이 되는 현상이 변화하면 결과적인 현상도 항상 같이 변화해야 한다는 **공동변화 조건**병발발생, 인과관계에 외생변수의 개입이 통제되어야 한다는 **외생변수**[6]**의 통제**[7] **조건**비허위적 관계, 경쟁가설배제이 해당된다.

이 세 가지 조건이 어떻게 충족되느냐에 따라 다음 단원에서 거론되는 **진실험설계**순수실험설계, **준실험설계**유사실험설계, **원시실험설계**, **非실험설계**[8]로 분류할 수 있다.

〈표 5-1〉 실험설계의 구분

	진실험설계	준실험설계	원시실험설계	非실험설계
시간적 선후성	충족	충족	충족	×
공동변화	충족	충족	×	×
외생변수 통제	충족	×	×	×

5) 공동변화법은 공변법 혹은 상반변량법이라고도 한다.

6) **외생변수**란 제3의 변수로 지칭되기도 하는데, Edward A. Suchman에 의하면, 실제로는 원인변수와 결과변수 간에 인과관계가 없는데도 불구하고 마치 인과관계가 있는 것처럼 보이게 하는 **허위변수**spurious variable와 인과관계의 크기를 왜곡시키는 **혼란변수**가 대표적이다.

7) 외생변수의 통제방법으로는 제거, 균형화, 무작위화의 세 가지가 대표적이다. 첫째, 제거는 외생변수가 될 여지가 있는 변수의 개입을 제거하거나 외생변수가 될 가능성이 있는 변수를 똑같이 작용하게 함으로써 외생변수가 실험상황에 개입하지 못하게 하는 것이다. 둘째, 균형화는 결과에 영향을 미칠 가능성이 있는 외생변수를 단계적으로 적용해나가면서 조사대상자들을 분류하여 실험집단과 통제집단에 무작위로 배정하는 것이다. 셋째, 무작위화는 실험집단과 통제집단을 구성할 때 조사대상 모집단으로부터 무작위로 추출하는 것이다. 이는 독립변수 외의 모든 영향을 실험집단과 통제집단에게 동일한 수준으로 맞춰주는 것이다.

8) 비실험설계는 용어에서 의미하듯이 실험설계가 아닌非 방법으로써, 흔히 현황조사나 욕구조사, 만족도조사 등과 같이 설문지를 이용한 집단 대상의 방법이다. 다른 많은 옥서玉書들과 마찬가지로 본 서書에서도 실험설계가 아니므로非 실험설계에서 다루지 않았다.

5.4. 설명적 조사설계

5.4.1. 집단대상설계 = 실험설계

5.4.1.1. 진실험설계=순수실험설계, 완전실험설계

시간적 선후성, 공동변화, 외생변수의 통제가 모두 보장되는 실험설계로써, **실험설계** 혹은 **완전실험설계**, **순수실험설계**True experimental design라고도 한다. 제약회사에서 다이어트 신약을 개발했다고 가정해 보자. 약의 효능을 입증하기 위해 임상실험을 실시하는데, 실험집단과 통제집단 간에 신약의 투약 여부만 다를 뿐이며 한정된 공간에서 완벽한 통제, 즉 식사나 수면, 활동과 여가 등 모든 부분에서 절대적인 통제를 가함으로써 외생변수의 개입을 완벽하게 차단하고 실험에 임하였다[9]. 이런 실험에서는 투약 외에는 다른 요소가 전혀 없으므로 약의 효능이 매우 정확하게 검증되며, 재현 가능성이 높고, 명확한 인과관계의 검증이 가능하다. 즉, **내적 타당도**인과관계의 정확한 추론정도**는 높다**. 반면 현실세계에서는 이와 같은 완벽한 통제상황을 인위적으로 만들 수 없으며, 윤리적인 문제로 실험이 불가능할 여지가 많다. 따라서 결과를 일반화하기가 어렵다. 즉, **외적 타당도**일반화 정도**가 낮다**[10]. 진실험설계는 자연·순수과학 혹은 윤리문제에 앞서 생명유지와 건강개선을 다루는 의학분야에서 사용될 수 있다.

진실험설계의 대표적인 종류[11]로는 먼저 **통제집단사전사후측정설계**pretest-posttest control group design[12]가 해당된다. 이는 고전적 설계라고도 하는데, 무작위할당을 통해 실험집단과 통제집단을 구성하고 두 집단을 대상으로 사전측정을 실시한다. 이후 실험집단에만 실험처치를 가한 후, 두 집단에 대해 사후측정을 실시하여 변화를 비교·관찰하는 방법이다. 사전과 사후 간에 동일한 측정이 반복

9) 완벽한 동일성에서 투약의 여부만 다른, 즉 앞서 거론한 차이법의 논리대로 인과관계를 추론하게 되는 것이다.

10) 내적 타당도와 외적 타당도는 조사설계에서 거론되어야 하는 내용이지만 독자의 이해를 돕기 위해 편의상 **6.측정 및 척도**에서 측정의 타당도와 함께 다루고 있다. 해당 단원을 참고하기 바란다.

11) 이외에도 다소 복잡한 형태로써, 통제집단사전사후측정설계나 통제집단사후측정설계에 허위실험의 효과 또는 위약의 효과를 측정할 수 있도록 플라시보집단을 추가로 결합하는 **플라시보통제집단설계**placebo control group design, 비슷한 특성을 가진 몇 개의 계층을 만들어 각각에 대해 실험의 영향력을 파악하는 **블록실험설계**block design, 실험, 즉 독립변수가 2개 이상인 **요인설계**factorial design 등이 있다.

12) 경우에 따라 통제집단전후비교설계 등 다양하게 호칭되기도 한다.

되기에 시험효과test effect의 개입을 묵인할 수 없는 실험설계라 할 수 있다. 다음으로는 **통제집단사후측정설계**posttest-only control group design[13]가 있다. 이 방법은 사전측정과 사후측정 간의 실험의 반복으로 인한 시험효과, 즉 검사요인[14]의 개입 방지 또는 여건상 사전측정이 불가능할 경우에 이용된다. 사전의 상태를 측정하지 않기 때문에 실험집단과 통제집단의 동일성을 확언하기 쉽지 않은 실험설계이다. 마지막으로 **솔로몬4집단설계**Solomon Four-group Design가 있다. 이 방법은 통제집단사전사후측정설계와 통제집단사후측정설계를 합한 것으로써, 반복측정의 형태이다. 엄정한 두 방법을 합하였기 때문에 내적 타당도의 정확성이 매우 높지만 반면 외적 타당도는 낮다고 할 수 있다. 또한 반복측정의 특성상 시간과 비용 면에서 비경제적이므로 현실성이 상대적으로 떨어지는 실험설계이다.

〈표 5-2〉 **진실험설계의 종류**

구 분	형 태	특 징
통제집단사전사후측정설계	(R)실험집단 : O_0 X O_1 (R)통제집단 : O_2 O_3	• 검사요인의 개입
통제집단사후측정설계	(R)실험집단 : X O_1 (R)통제집단 : O_3	• 사전의 상태를 알 수 없으며, 애초에 동질적인지 파악 어려움
솔로몬4집단설계	(R)실험집단 : O_0 X O_1 (R)통제집단 : O_2 O_3 (R)실험집단 : X O_1 (R)통제집단 : O_3	• 상술한 두 실험설계의 혼합형태 • 가장 강력하지만 반복실험으로써 시간과 비용면에서 비현실적

※ (R) : Random, 무작위 배정을 의미함

13) 통제집단후비교설계 등으로 명시되기도 한다.

14) 이와 같은 내적 타당도 저해요인은 다음 단원의 타당도에서 기술되었으니 해당 단원을 참고하기 바란다.

5.4.1.2. 준실험설계=유사실험설계

진실험설계와 달리 시간적 선후성 및 공동변화는 보장되나, 외생변수의 통제는 보장되지 않는 실험설계로써, 의미 상 실험설계진실험설계에 준하기에 **준실험설계**quasi-experimental design 내지는 **유사실험설계, 의사擬似실험설계**라고도 한다. 상기 예의 임상실험에서 실험집단과 통제집단 간에 투약 여부를 달리하는 것은 동일하지만, 그 외의 요소를 통제하지 않았다고 가정해 보자. 다시 말해, 자유로운 행태를 보장하되, 약을 먹는 것과 먹지 않는 것만 지키도록 대상들을 독려하였고, 일정 시간 경과 후 투약집단과 비투약 집단을 비교하여 다이어트 약의 효능을 증명하고자 시도하였다. 이런 실험에서는 외부에서 개입되어 오는 영향요인들에 제약을 가하지 않았으므로 체중의 변화가 실제로 해당 약물에 의한 변화인지 혹은 어느 정도의 변화까지만 투약의 효능인지 알 수가 없다. 다만, 대표성 있는 표본을 선별하여 실험집단과 통제집단을 구성했다면 표본들의 행태는 외부의 다른 모집단에 속한 사람들의 행태를 잘 대변할 수 있다. 따라서 해당 표본들로 인한 실험의 결과를 모집단의 사람들에게 일반화하기가 적절・용이하다. 이처럼 준실험설계는 인과관계 추론의 정확성, 즉 **내적 타당도가 낮으나**, 일반화 가능성, 다시 말해 **외적 타당도는 높은 실험설계**이다. 사회과학분야에서는 윤리적인 문제로 인해 준실험설계를 주로 사용하게 된다.

준실험설계의 대표적인 종류로는 가장 대표적으로 **비동일통제집단설계**nonequivalent control group design[15]가 있다. 진실험설계의 통제집단사전사후측정설계와 동일한 구성을 보이되, 두 집단을 무작위배정Random으로 구성하지 못하는 점이 차이라고 할 수 있다. 실험조건상 조사대상을 실험집단과 통제집단으로 나눌 수는 있으나 실험자가 대상자를 무작위로 배정할 수 없는 경우에 이용되며, 실험집단과 통제집단 모두 시험효과의 개입을 통제할 수 없다. 다음으로는 **시계열설계**time-series experiment가 있다. 이 방법은 시간이 관여한다. 조사대상을 실험집단과 통제집단으로 나눌 수 없을 때 주로 사용되며, 실험변수를 노출시키기 전후에 일정한 기간을 두고 정기적으로 몇 차례의 결과변수에 대한 측정을 하

15) 또는 2집단사전사후측정실험설계 내지는 두집단사전사후측정실험설계, 두집단전후비교설계 등의 호칭이 사용되기도 한다.

는 방법이다. 또한 **반복시계열설계**equivalent time-sample design가 있다. 단순시계열설계를 반복적으로 실시하는 형태로써, 조사대상을 실험집단과 통제집단으로 나눌 수 없고 실험변수의 효과가 일시적이거나 변화 가능성이 있을 때 이용하는 방법이다. 동일한 대상에 대해 일정한 기간을 두고 실험변수를 반복적으로 노출시킨 뒤에 사전사후측정을 되풀이한다. 마지막으로 **회귀불연속설계**regression discontinuity design가 해당된다. 이는 실험집단과 통제집단을 각각 배정할 때 명확하고 표준화된 자격기준eligibitiy criterion을 적용하는 것이다. 예를 들어, 직장 내 근무평가에서 일정 점수를 받은 사람은 성과금을 받는다고 했을 때, 성과금 지급의 기준이 되는 정해진 점수는 구분점cutting point이 되며, 구분점 이상이면 실험집단, 구분점 미만이면 통제집단에 속하게 된다. 이들에 대한 각각의 회귀분석을 실시하여 비교하는 방법이다.

〈표 5-3〉 준실험설계의 종류

구 분	형 태	특 징
비동일통제집단설계	실험집단 : O_0 X O_1 통제집단 : O_2 O_3	• 검사요인의 개입
시계열설계	O_0 O_1 X O_3 O_4 t_0 t_1 t_3 t_4 t_5	• 시간의 개입 • 실험집단과 통제집단의 구분이 불가능할 때 이용
반복시계열설계	O_0 X O_2 O_2 X O_3 t_0 t_1 t_2 t_3 t_4 t_5	• 시계열설계의 반복
회귀불연속설계	구분점 이상 집단의 회귀분석 구분점 미만 집단의 회귀분석	• 두 회귀직선의 불연속의 크기가 실험의 효과

5.4.1.3. 원시실험설계

원시실험설계는 시간적 선후성만 보장되는 실험설계로써 통제집단을 구성하지 못하는 경우에 이용되는 방법이다. 많은 경우에 윤리적인 문제로 인해 실험집단과 통제집단으로 분리하여 실험을 진행할 수 없다. 가령 우울증을 앓고 있는 사람들에게 우울증 개선 프로그램을 적용한다고 해보자. 이럴 경우,

프로그램의 효과를 검증하기 위해 일부는 실험집단으로, 또 다른 일부는 통제집단으로 배정한 후 실험집단에는 프로그램을 실시하면서 통제집단은 방치한다면 윤리적으로 문제가 될 소지가 다분하다. 이처럼 사회복지적인 문제해결을 위한 실험설계는 대부분 원시실험설계를 적용해야 한다. 원시실험설계는 엄격한 의미에서는 실험설계가 아니라고도 볼 수 있을 만큼 가설의 검증보다는 문제의 도출을 위하여 순수한 실험설계를 하기 전에 시험적으로 실시하는 탐색조사의 성격을 지니기에 **전실험설계**pre-experimental design라고도 지칭된다.

원시실험설계의 종류로는 먼저 **단일집단사전사후측정설계**one-group pretest-posttest design가 있다. 이는 실험이 가해지기 전에 결과변수에 대한 측정을 하고 실험이 가해지고 난 뒤에 또 다시 결과변수의 수준을 측정하여 두 결과의 차이로 실험의 효과를 측정하는 방법이다. 예를 들어, 제품 인지도를 조사할 때 임의로 선정한 실험대상자들에 대해 광고에 노출시키기 전에 제품 인지도를 사전 측정하고 광고를 보여준 후에 제품 인지도를 다시 측정하는 방법이 해당된다. 다음으로는 **단일집단사후측정설계**가 있다. 이것은 실험에 노출된 하나의 집단에 대해 사후적으로 결과변수를 측정하는 방법이다. 사전측정이 이루어지지 않아 실험의 순수한 효과를 측정할 수 없으며, 외생변수를 통제할 수 없기에 내적 타당도와 외적 타당도가 모두 결여된 실험설계이다. 가령 광고 선호도를 조사할 때 실험자가 임의로 조사 대상자를 선정하고 이들에게 광고를 보여준 후, 광고의 선호도를 측정하는 것과 같은 경우이다. 단일집단사후측정설계는 **일회검사사례연구**one-shot case study라고도 한다. 마지막으로 **정태적집단비교설계**static-group comparison가 있다. 이것은 실험을 경험한 집단과 무작위화가 아닌 방법에 의해 특성이 비슷하도록 선정된 집단에 대하여 각각 사후조사를 실시하고 두 집단의 사후검사 결과를 비교하는 방법이다. 상기 예에서 실험을 광고라 할 때 실험집단은 광고를 노출시키고, 통제집단은 광고에 노출되지 않은 상태에서 측정하는 방법으로써, 실험이 간편하고 시간 및 조사비용이 저렴하기 때문에 마케팅조사에서 가장 많이 사용되는 실험설계이다.

〈표 5-4〉 원시실험설계의 종류

구 분	형 태	특 징
단일집단사전사후측정설계	O_0 X O_1	• 실험집단만 존재하며, 사전사후측정
단일집단사후측정설계 (일회검사사례연구)	X O_1	• 실험집단만 존재하며, 사후만 측정
정태적집단비교설계	실험집단 : X O_1 통제집단 : O_2	• 실험집단과 통제집단이 존재하며, 사후만 측정

5.4.1.4. 비실험설계

비실험설계Non-experimental design는 실험 및 무작위화가 불가능한 경우에 적용되는 조사설계로써, 흔히 서베이Survey를 지칭한다. 이 방법은 실험과 달리 광범위한 범위에 걸쳐 자료수집이 가능하고 다양한 변수를 고려할 수 있으며, 인위적 상황이 아닌 자연적인 실제상황에서 가설을 검증할 수 있는 장점을 가진 반면, 연구자가 직접적으로 조작Operating을 하는 것이 아니기에 실험설계에 비해 변수들간의 인과관계 규명이 쉽지 않다는 단점을 지닌다.

비실험설계의 종류로는 먼저 **횡단적 설계**Cross-sectional design로써 사회적 현상의 특성을 한 번의 관찰로 조사하여 각 변수 값의 분포를 알아보는 **일원적 설계**Univariate design, 독립변수와 종속변수의 상관관계를 측정하여 인과관계 추정하는 **상관관계설계**Ccorrelational design, 여러 개의 독립변수들의 효과를 동시에 검정하는 **요인설계**Factorial design가 있고, **종단적 설계**Longitudinal design로는 **5. 조사설계** 중 **5.2. 기술적 조사설계**에서 설명한 **종단 조사**longitudinal approach의 **추세연구**trend study, **코호트연구**cohort study, **패널연구**panel study가 해당된다.

5.4.2. 단일대상설계

5.4.2.1. 단일사례연구설계Single case study Design[16)]

단일사례연구설계는 개인 및 가족, 소집단 등을 대상으로 문제를 해결하기 위한 실험의 효과를 과학적으로 입증하는 것으로써, 가설검증이 아닌 실험의 효과성 분석이 목적이며, 하나의 사례를 대상으로 한다.

단일사례연구설계는 경향과 변화정도를 알 수 있도록 반복적·연속적인 관찰을 통해 자료가 수집되므로 조사대상의 변화를 주기적으로 파악할 수 있다. 또한 통제집단이 없고, 개입 전·후를 비교하는 방식을 취하며, 그래프를 이용한 시각적 정보전달이 이루어진다.

단일사례연구설계에서는 **기초선 단계**와 **개입단계**의 두 가지 기본 국면이 존재한다. 먼저 기초선baseline은 A로 표기하는데, 집단대상설계에서의 통제집단과 같은 역할을 수행한다. 즉, 실험 이전의 상태이며, 개입을 통해 변화를 이끌어 내려는 표적행동이라고 할 수 있다. 다음으로 개입단계는 실험처치의 단계로써, B로 표기하는 것이 일반적이나, 때에 따라서는 C 및 D 등 적용되는 개입의 유형에 따라 표기한다.

단일사례연구설계는 ① 목표의 구체화, ② 표적측정, ③ 기초선 설정, ④ 반복측정 실시, ⑤ 실험처치에 대한 명확한 규정, ⑥ 자료분석의 순서로 진행된다.

단일사례연구설계의 종류로는 첫째, '기초선 → 개입실험처치'의 형태인 AB설계, 둘째, '기초선 → 개입실험처치 → 제2 기초선'의 형태인 ABA설계, 셋째, '기초선 → 개입실험처치 → 제2 기초선 → 실험처치'의 ABAB설계, 넷째, '개입실험처치 → 기초선 → 실험처치'의 형태인 BAB설계, 다섯째, '기초선 → 서로 다른 개입실험처치'의 ABCD설계, 여섯째, 복수기준선설계의 여섯 가지로 분류된다.

16) 엄밀한 의미에서 단일사례연구설계를 설명적 조사설계에 포함하여 설명하는 것에 반론이 있을 수 있다. 그러나 이와 같은 접근은 첫째, 독자들로 하여금 흐름 속에서 단일사례연구설계를 이해하도록 돕기 위함이며, 둘째, 원인으로 인한 결과 즉, 실험처치개입로 인한 대상의 속성 변화를 인과관계 내에서 접근하는 것이 논리적으로 전혀 벗어난 것은 아니라는 판단에 의한 것임을 밝혀둔다. 아울러 단일사례연구설계에서는 실험처치라는 용어가 아닌 개입이라는 용어를 사용하였다.

AB설계는 가장 기본적인 형태로써 기본단일설계라고도 한다. 1회의 기초선과 1회의 개입을 통해 변화를 관찰한 것이다. **ABA설계**는 AB설계에서 개입이 중단된 후 다시 한 번 기초선을 설정함으로써 개입으로 인한 변화의 지속 여부를 진단하기 위한 목적을 지닌다. **ABAB설계**는 ABA설계에서 다시 한 번의 개입인 B를 재개한 설계이다. **BAB설계**는 기초선을 설정하지 않고 개입을 선행한 것으로써, 시급한 개입이 요구되는 사례, 가령 극심한 자기학대적 기질을 보이는 사례의 변화 또는 신체적·정서적 손실이 지대하여 조속한 치료가 요하는 사례와 같은 경우에 활용될 수 있다. 다중요소설계라고도 하는 **ABCD설계**는 기초선을 설정한 후 서로 다른 개입을 순차적으로 적용하는 경우에 해당된다. 끝으로 **복수기초선설계**는 두 개 이상의 복수선을 설정하는 것으로써, 하나의 대상에게 기초선과 개입을 반복하는 ABAB설계와 달리 하나의 개입방법을 복수의 사례나 표적행동들 혹은 각기 다른 사례들에게 반복적으로 적용하는 방법이다. 여러 사례들에게 개입의 시기를 다르게 적용한다면 하나의 사례일 경우, 한 번의 개입시점에서 우연히 외부의 영향이나 사건들이 뜻하지 않게 관여할 수 있다. 복수기초선설계는 이를 통제할 수 있다.

- ※ 조사설계
  - 탐색적 조사설계
    - 방법 : 문헌검토, 전문가 조사, 경험자 조사, 현지조사, 사례조사
    - 기법
      - 브레인스토밍
      - 표적집단면접법
      - 델파이
  - 기술적 조사설계
    - 횡단조사
    - 종단조사
      - 추세연구
      - 코호트연구
      - 패널연구
    - 유사종단조사
  - 설명적 조사설계
    - 인과관계
      - 5규준
        - 일치법
        - 차이법
        - 일치차이 병용법(=간접적 차이법)
        - 잔여법
        - 공동변화법
      - 3조건
        - 시간적 선후성
        - 공동변화
        - 외생변수 통제(=경쟁가설배제)
    - 집단대상설계
      - 진실험설계
        - 통제집단사전사후측정설계
        - 통제집단사후측정설계
        - 솔로몬4집단설계
      - 준실험설계
        - 비동일통제집단설계
        - 단순시계열설계
        - 다중시계열설계
      - 원시실험설계
        - 단일집단사전사후설계
        - 단일집단사후설계(=일회검사사례연구)
        - 정태적집단비교설계
      - 非실험설계
    - 단일대상설계
      - 단일사례설계
        - AB설계
        - ABA설계
        - ABAB설계
        - BAB설계
        - ABCD설계
        - 복수기초선설계

그림 5-1 조사설계의 구성체계

♣ 조사설계에서 고려해야 할 대표적인 반응효과들

① **존헨리 효과**John Henry effect, = 보상적 경쟁효과 : 통제집단 구성원들이 어떤 이점실험집단에 대한 처치에서 소외되었음을 자각하고 이를 보상하고자 의도적으로 예상 이상의 효과를 나타내는 것 또는 그와 반대로 예상 이하의 효과를 나타내는 것

② **후광 효과**halo effect : 어떤 대상을 평가할 때에 그 대상의 어느 한 측면의 특질이 다른 특질들에까지도 영향을 미치는 것, 즉 조사자의 외모나 성격에서 좋은 인상을 받았을 경우 해당 조사결과가 사실보다 좋게 평가되는 것

③ **위약 효과**placebo effect : 실제로는 특별한 처치를 받지 않음에도 특별한 처치를 받고 있고 생각하는 그 자체만으로도 긍정적인 효과가 발생하는 것

④ **노시보 효과**nocebo effect : 위약효과와 반대의 경우, 적절하거나 긍정적인 처치를 제공하여도 피험자 본인이 믿지 않고 의구심을 가짐으로써 효과가 나타나지 않거나 미미한 효과가 발생하는 것

⑤ **호손 효과**Hawthorne effect : 1924년에서 1932년 사이에 호손 웍스라는 공장에서 수행된 일련의 실험에서 얻어진 결과에서 처음 관찰된 것에서 유래, 통제집단에 비해 실험집단 구성원들에게 보다 특별한 관심이 제공되는 것을 느낌으로써 행동과 능률에 변화가 일어나는 것

⑥ **맥락 효과**context effect : 처음 제시된 정보가 나중에 들어오는 정보의 처리지침이 되고 이로 인해 전반적인 맥락을 제공함으로써 나중에 아무리 다른 정보를 제공해도 실패하는 것

⑦ **대비 효과**contrast effect : 어떤 자극상황에 대하여 다른 종류의 자극을 약간 가함으로써 원래의 자극 상황이 강하게 느껴지는 것

⑧ **닻내리기 효과**anchoring effect : 닻을 내린 곳에 배가 정박하는 것처럼 처음 입력된 정보가 정신적 닻으로 작용하여 전체적인 판단에 영향을 미치는 것

⑨ **조사원 기대효과**expectancies of experimental staff : 조사원이 해당 연구에 가지고 있는 열정과 기대심리가 은연 중에 피조사자에게 전달되어 기대 이상의 긍정적인 효과가 나타나는 것

단원 연습문제 5

01 다음은 탐색적 조사에 대한 설명이다. 옳지 못한 진술은 어떤 것인가?

① 예비조사(pilot study)의 성격을 지닌다.
② 잘 알지 못하는 영역의 개략적 정보를 얻기 위해 실시한다.
③ 연구문제에 대한 사전지식이 부족할 경우 실시한다.
④ 전문가 조사, 경험자 조사, 문헌검토, 사례연구 등의 방법이 있다.
⑤ 사실과의 인과관계를 규명하기 위해 실시한다.

02 다음 중 델파이기법에서 지켜야 할 원칙으로만 묶인 것은?

가. 익명성	나. 정보공유
다. 피드백(feedback)	라. 주기적 접촉

① 가, 나, 다　② 가, 다　③ 나, 라
④ 가, 나, 라　⑤ 가, 나, 다, 라

03 다음 보기 중 조사연구의 목적이 바르게 연결된 것은 어느 것인가?

가. 탐색적 조사 : 정확한 조사를 위한 연구문제를 형성하거나 가설을 개발한다.
나. 탐색적 조사 : 미래의 현상을 예측하는 것이 목적이다.
다. 기술적 조사 : 현상에 대한 기술을 목적으로 한다.
라. 기술적 조사 : 과학적인 지식과 능력을 동원하여 조사한다.
마. 설명적 조사 : 현상에 대한 인과관계를 규명한다.
바. 설명적 조사 : 이야기를 풀어나가듯 자연스럽게 조사를 실시한다.

① 가, 나, 다　② 가, 다 ,마　③ 나, 라, 바
④ 가, 라, 마　⑤ 다, 마, 바

04 탐색적 조사설계의 방법으로 바르게 조합된 것은 어느 것인가?

① 문헌검토, 전문가 조사　② 종단조사, 횡단조사
③ 경험자 조사, 실험설계　④ 사례조사, 서베이 조사
⑤ 표본조사, 전수조사

05 종단적 연구로 부적절한 것은 무엇인가?

① 연도별 소비자물가지수의 변동 연구
② 직종별 고용규모 변천사 연구
③ 쌍둥이의 성장사에 대한 비교 연구
④ 연도별 신입생의 가정환경 비교 연구
⑤ 동일 시점 두 지역 문화 비교 연구

06 다음 중 종단조사의 영역에 포함될 수 있는 것으로만 묶인 것은?

가. 패널연구	나. 추세연구	다. 동년배 조사
라. 브레인스토밍	마. 표적집단면접법	바. 델파이

① 가, 나, 다　② 가, 다, 라　③ 나, 마, 바
④ 가, 라, 바　⑤ 다, 마, 바

07 다음 중 횡단조사의 사례가 아닌 것은 무엇인가?

① 현황조사　② 여론조사
③ 인구센서스　④ 소비자 물가조사
⑤ 소비자 만족도 조사

08 인과관계의 다섯 가지 규준에 대한 진술로 옳지 않은 것은?

① 특정 현상이 발생하는 둘 이상의 사례에서 공통요소가 단 하나 발견된다면 그 요소가 바로 해당 현상의 원인 또는 결과가 된다는 것이 일치법의 논리이다.

② 차이법은 일치법과 대조적으로 현상이 발생하는 사례와 그렇지 않은 사례, 즉 서로 상이한 결과가 나타나는 사례를 비교하는 방법이다.

③ 간접적 차이법은 일치법과 차이법의 결합형태라 할 수 있다

④ 잔여법은 어떤 현상에서 귀납적 방법의 적용으로 인과관계가 이미 밝혀진 부분이 해당 현상의 모든 원인이 된다.

⑤ 어떤 현상이 변화할 때마다 다른 현상에 특정한 방법으로 변화가 발생한다면 그 현상은 다른 현상의 원인 또는 결과이거나 일정한 인과관계의 과정으로 연결되어 있다는 것이 공동변화법이다.

09 다음 중 실험설계의 기본 논리가 아닌 것은 무엇인가?

① 일치법 ② 차이법 ③ 잔여법
④ 공변법 ⑤ 간접적 일치법

10 다음 중 관찰하는 모든 현상에서 항상 한 가지 요소 또는 조건이 발견된다면 그 현상과 요소가 인과적으로 연결되어 있다고 판단하는 방법은 무엇인가?

① 일치법 ② 차이법 ③ 잔여법
④ 공변법 ⑤ 간접적 일치법

11 어떤 현상이 발생하는 사례와 발생하지 않는 사례를 비교할 때, 두 사례 간에 단 하나의 요소를 제외하고는 모든 요소를 공통적으로 가지고 있었기 때문에 그 하나의 요소를 현상의 원인이라고 결론을 내렸다면 다음 중 어떤 방법을 적용한 것인가?

① 일치법 ② 차이법 ③ 잔여법
④ 공변법 ⑤ 간접적 일치법

12 **인과관계 추론의 조건으로 적절하지 않은 것은?**

① 시간적 선후성 ② 공동변화
③ 경쟁가설의 도입 ④ 외생변수통제
⑤ 경쟁가설의 배제

13 **인과관계를 규명하는 데 가장 적절한 조사설계는 무엇인가?**

① 탐색적 조사설계 ② 설명적 조사설계
③ 기술적 조사설계 ④ 단일사례 연구설계
⑤ 시계열 설계

14 **머리둘레를 측정하여 비교한 결과, 일관되게 머리가 큰 사람이 지능지수가 높게 나타나고 있었다. 머리둘레와 지능지수 간에는 어떤 관계가 성립되는가?**

① 허위적 관계 ② 인과적 관계
③ 종속적 관계 ④ 독립적 관계
⑤ 상호관련적 관계

15 **독립변수와 종속변수 사이의 인과관계를 입증하기 위한 방법으로 가장 적절한 것은?**

① 통계조사 ② 서베이조사 ③ 개념적 준거틀
④ 실험설계 ⑤ 사례연구

16 **실험설계의 구성요소 중 외생변수의 통제 및 경쟁가설 배제와 관련이 있는 것은 무엇인가?**

① 비교 ② 조작 ③ 짝짓기
④ 실험처치 ⑤ 무작위배정

17 다음 중 실험설계와 비교하여 준실험설계의 장점이라 할 수 있는 것은?

① 내적 타당도 ② 외적 타당도 ③ 신뢰도
④ 기준 타당도 ⑤ 정확도

18 다음 중 나머지와 다른 하나는 무엇인가?

① 통제집단사후측정설계 ② 통제집단사전사후측정설계
③ 고전적 실험설계 ④ 솔로몬 4집단 설계
⑤ 시계열설계

19 다음은 어떤 실험설계에 대한 표현인가?

(EG) : (R)	X	O_1
(CG) : (R)		O_3
(E) = (O_1 − O_3)		

① 통제집단사전사후측정설계 ② 집단비교설계
③ 통제집단사후측정설계 ④ 비동일통제집단설계
⑤ 솔로몬 4집단 설계

20 유사실험설계의 특징에 대한 진술 중 옳은 것은?

① 순수실험설계에 비해 내적 타당도가 높다.
② 순수실험설계에 비해 외적 타당도가 높다.
③ 진실험설계에 비해 신뢰도가 높다.
④ 완전실험설계에 비해 내용 타당도가 높다.
⑤ 완전실험설계에 비해 기준 타당도가 높다.

21 실험설계의 일종으로써 변수가 하나 이상이며, 동시에 그 강도를 달리하며 실험을 수행하는 방법은 무엇인가?

① 통제집단사전사후측정설계
② 요인설계

③ 통제집단사후측정설계
④ 시계열설계
⑤ 솔로몬 4집단 설계

22 진실험설계의 가장 큰 장점은 무엇인가?

① 내적 타당도 ② 외적 타당도 ③ 내용 타당도
④ 기준 타당도 ⑤ 정확도

23 코호트연구와 패널연구의 공통점과 차이점을 설명하여라.

24 사회과학의 목적 중 하나는 현상을 설명하는 데 있다. 설명은 인과관계를 측정하는 것이다. 인과관계란 무엇이며, 조건을 중심으로 설명하여라.

25 진실험설계의 대표적인 종류 세 가지에 대해 약술하여라.

chapter 06

측정 및 척도

06 측정 및 척도

6.1. 측 정

측정이란, 추상적인 개념을 경험화하는 작업으로, 경험적인 특징들에 대해 규칙에 의거해서 숫자나 기호 등을 배정하는 절차를 말한다. 또한 측정이란, 추상적 개념이나 변수를 일정한 규칙에 따라 수치나 숫자를 부여하여 구체적 지표로 나타내는 것으로써, 추상적 · 이론적 세계와 경험적 세계를 연결시켜 주는 수단이 된다. 계량화가 상대적으로 취약한 질적인 속성에 수치 등을 부여하여 분류할 수 있도록 돕는 작업이므로 측정은 질적인 속성을 양적인 속성으로 전환하는 작업이라고도 볼 수 있다.

측정의 기능은 네 가지로 볼 수 있다. 첫째, **조화 또는 일치의 기능**이다. 조화 또는 일치란 이론적 모델을 현실세계와 연결하는 측정의 규칙, 즉 추상적인 세계와 경험적인 세계의 연결의 의미를 내포한다. 둘째, **객관화와 표준화의 기능**을 수행한다. 개념에 대한 측정이 없다면 경험적인 검증이 어려울 뿐만 아니라 검증이 어려워지면 이론을 일반화시키는 것도 정확히 할 수 없게 된다. 셋째, **계량화 기능**이다. 측정은 사건이나 현상을 세분화시키고 통계적 분석에 활용할 수 있는 정보를 제공한다. 넷째, **반복과 의사소통 기능**이 있다. 측정은 연구결과를 다른 사람들이 반복하고 그 결과를 반증할 수 있도록 하며, 연구결과를 다른 사람에게 정확히 전달하는 의사소통 기술을 가진다.

측정의 종류를 살펴보면 다음과 같다. 첫째, **추론측정**Derived Measure이 있다. 어떤 사물이나 사건의 속성이 다른 사물이나 사건의 속성과 관련지어서 나타나는 것을 측정하는 것을 의미한다. 즉, 어떤 사물 혹은 다른 사물간의 속성간에 일정한 관계가 성립되었을 때 그 관계를 측정하는 것이다. 밀도density가 대표적인 예이다. 밀도는 어떤 사물의 부피와 질량의 비율로 정의되어지며, 곧 부피와 질량의 관계를 결정짓는 법칙이다. 이처럼 법칙의 수준으로 특정 속성들간의 관계가 결정된 후 이것을 측정하는 것으로써, 자연과학에서는 추론측정이 자주 이루어질 수 있으나, 사회과학에서는 법칙이라기보다는 가설 혹은 검증되고 있는 이론에 불과한 관계가 많기 때문에 추론측정이 존재하기 사실상 힘들다. 추론측정은 기본적으로 확고한 이론적 배경이 있어야 가능하다. 둘째, **임의측정**Measurement by Fiat이 있다. 일시적으로 어떤 사물의 속성과 측정값간에 관계가 있다고 가정하고 측정하는 것으로써, 연구자가 생각하는 특정개념이 자신이 생각하고 있는 조작적 정의에 의한 척도로서 측정되어진다고 가정하고 측정하는 것을 의미한다. 대표적으로 IQ테스트가 있을 수 있는데, 지적능력을 연구자들이 만든 IQ 테스트를 통해 측정하는 것에는 확고한 법칙이 없다. 사실에 근거하기보다는 논리적 근거, 논리적 가정에 의존하고 있으며, 사회과학의 대부분이 임의측정이다. 어떻게 조작적인 정의를 내리는가에 따라서 여러 가지 측정값이 나올 수 있으며 오차의 개입 여지가 크다. 셋째, **본질측정**Fundamental Measurement이 있다. 어떤 사물의 속성을 표현하는 본질적인 법칙에 따라 숫자를 부여하는 것이다. 본질측정은 다른 사물이나 다른 속성을 개입시키지 않고 해당 속성만을 고려하는 것으로써 가장 기본적인 측정이라고 할 수 있다. 키를 재는 행위나 무게를 측정하는 행위가 이에 해당된다. 후에 다른 변수들과 관련지어 분석할 수도 있으며, 법칙에 의하여 다른 변수와 관련을 짓게 되면 관련된 다른 변수를 측정하는 것도 가능해진다.

6.2. 척 도

척도란, 측정하고자 하는 대상에 부여하는 숫자들의 체계이다. 따라서 척도는 숫자가 지닌 특성을 그대로 가지고 있는 논리적으로 혹은 경험적으로 서로 연관되어 있는 여러 개의 문항 또는 지표들로 이루어진 복합적 측정도구라 할 수 있다.

6.3. 척도의 분류

6.3.1. 척도의 수준에 따른 분류

척도는 해당 척도의 수준과 구성기법으로 나누어 분류할 수 있다. 먼저, 척도의 수준에 따른 분류로는 **명목척도**nominal scale, **서열척도**ordinal scale, **등간척도**interval scale, **비율척도**ratio scale로 나눌 수 있다.

명목척도는 명명척도라고도 하며, 대상의 특성을 분류하거나 확인할 목적으로 숫자가 부여된 척도이다. 부여된 숫자는 단순 구분의 목적 외에 다른 목적이 없으며, 어떠한 수학적 연산도 수행할 수 없다. 대표적으로 성별, 운동선수의 등번호, 주민번호, 우편번호와 같은 형태이다. 이와 같은 사례들은 해당 응답범주들에 부여된 수치가 단순한 구분 외에 다른 의미를 가지거나 혹은 해당 응답범주에 부여된 수치에 연산을 가하여 다른 의미를 생성할 수 없다.

서열척도는 순위척도 혹은 순서척도라고도 하며, 명목척도에 비해 정보의 양이 많다. 서열척도에서는 분류의 순서에서 의미를 찾을 수 있다. 응답범주의 순서는 논리적인 순위를 가지고 있으며, 측정대상 간의 순서관계를 밝혀준다. 즉, 측정대상 간에 대소나 높고 낮음 등의 순위가 내재되어 있는 것이다. 그러나 수치 자체가 어떤 절대적인 수나 양, 크기 등을 나타내지는 않는다. 1위, 2위, 3위 등으로 응답되는 등위나 A, B, C, D, F와 같은 대학의 학점체계, 1순위, 2순위, 3순위 등의 선호도, 1등급, 2등급, 3등급 등의 분류형태를 보이는 계급체계 등이 해당된다.

등간척도는 서열척도에서 보다 많은 정보를 갖춘 척도로써 동간척도라고도 한다. 속성에 대한 순위를 부여하되, 순위 사이의 간격이 동일하다. 또한 수학적 연산이 논리적인 의미를 지니기 시작한다. 따라서 등간척도에 의해 얻어진 측정치는 양적인 정도의 차이를 나타낸다. 다만, 해당 속성이 전혀 없는 상태인 절대적인 0점absolute zero, 즉 없다無의 의미는 존재하지 않는다. 등간척도에서 의미하는 0점은 약속된 상태의 기준점으로써 0점 역시 특정한 값이다. 예를 들어, 온도가 대표적이다. 0℃는 물이 어는 온도를 기준하여 0점을 부여했을 뿐, 0점이 온도가 없다는 것을 의미하지는 않는다. 이밖에도 사회과학적 관점에서 바라보는 시험점수 역시 능력을 측정한다는 관점으로 해석할 때 비록 점수가 0점이라 하더라도 능력이 없음을 의미하지는 못한다[1]. 온도 외에도 IQ지수, 주가지수 등이 대표적인 예이다. 더불어 사회과학 조사연구의 태도 측정 분야에서는 등간척도로 공인된 것은 거의 없기 때문에 엄밀한 의미에서 서열척도인 자료를 등간척도로 취급하기도 한다. 리커트 척도가 대표적이다.

비율척도는 등간척도가 갖는 특성에 추가적으로 측정값 사이의 비율 계산이 가능한 척도로써 비례척도라고도 한다. 모든 수학적 연산, 즉 가감승제가 의미가 있으며, 절대적인 0점 다시 말해 자연적인 0점natural zero이 존재하므로 비율척도에서의 0은 없다無를 뜻한다. 0이 전혀 없음을 의미하는 소득, 무게, 길이, 나이[2] 등이 대표적인 예이다.

통상 통계분석을 위해서는 연산이 의미가 있는가 없는가를 기준으로 명목척도와 서열척도는 질적변수, 등간척도와 비율척도는 양적변수로 구분한다.

---

1) 그러나 점수를 능력보다는 순수한 점수라는 관점에서 바라본다면 0점은 점수가 없음을 의미하기에 비율척도라고 볼 수 있다.

2) 나이의 경우, 연령대와 같이 범주화한다면 서열척도 혹은 명목척도로 분류되나, 순수하게 만滿 나이를 질의하여 수집된 자료는 비율척도라 할 수 있다.

6.3.2. 척도의 구성기법에 따른 분류

수준에 따른 분류에 이어 구성하는 기법에 따른 분류를 살펴보겠다. 이에 앞서 척도구성의 기본 전제에 대해 살펴볼 필요가 있다. **척도의 구성**에는 세 가지 **기본 전제**가 내재되어 있다. 첫째, **문항의 모집단이 존재해야 한다**. 한 측정대상에는 측정하고자 하는 속성을 나타내는 무한한 수의 항목 또는 문항infinite item이 존재해야 한다. 이 집단을 문항의 모집단universe of items이라고 하며, 여기에서부터 일정한 수의 문항을 추출해서 조사에 이용해야 한다. 둘째, **척도분석이 필요하다**. 측정대상은 그 항목 및 문항의 모집단으로부터 추출된 일정 수의 항목 또는 문항표본에 입각하여 측정되는 것이므로, 문항분석item analysis, 요인분석factor analysis 등의 척도분석이 반드시 필요하다. 셋째, **하나의 척도는 단일차원의 연속체**uni-dimensional continuum**이어야 한다**. 단일차원이란 의미는 척도를 나타내는 문항은 공통적인 속성을 나타내야 한다는 것이며, 연속체의 의미는 척도를 대상의 성격·목적에 따라 무한히 많은 범주로 나눌 수 있다는 것을 의미한다.

6.3.2.1. 리커트 척도Likert Scale

리커트 척도는 여러 개의 문항으로 응답자의 태도를 측정하고 해당 항목에 대한 측정치를 합산하여 평가대상자의 태도점수를 얻어내는 척도로써, 사회과학이나 여론조사에서 가장 흔히 사용하는 척도이다.

리커트 척도의 **구성절차**는 다음과 같다. 첫째, 조사자가 연구하고 싶은 어떤 문제에 관한 긍정적호의적 문항 및 부정적비호의적 문항들을 선정한다. 둘째, 각 문항에 대하여 그 쟁점이나 평가대상의 성격에 따라서 찬/ 반, 호의적/ 비호의적, 인정/ 불인정 등의 정도를 나타내는 5개의 응답범주[3])를 작성한다. 셋째, 많은 응답자에게 각 문항에 대하여 자기의 의견에 부합하는 응답범주 하나를 선택하게 하여 각 문항에 대한 응답을 받아낸다. 넷째, 각 문항에 대한 응답자의 반응을 점수로 환산하는데, 가장 우호적인 것을 높은 점수, 비우호적일수록 낮은 점수를 부여한다. 다섯째, 문항분석item analysis을 실시하여 내적 일관

3) 예를 들어, 전혀 불만족, 불만족, 보통, 만족, 매우 만족과 같은 형태이다.

성을 측정한 후 일관성이 낮은 문항을 제거한다. 여섯째, 응답자의 총점으로 그 사람의 태도를 측정한다.

리커트 척도는 척도 구성이 간단하고 편리하며 실용적인 특성으로 인해 대부분의 사회과학 연구에서 널리 쓰이지만, 단점 또한 분명히 존재한다. 단점을 살펴보면 첫째, 엄격한 의미에서 응답범주들의 간격이 등간격을 이룬다고 보기 어렵다. 가령 특정 정책에 대해 찬반 여부를 측정하는데 '매우 찬성', '찬성', '보통', '반대', '매우 반대'의 5개 응답범주로 구성했다고 해보자. 본 질문을 접한 응답자들은 5개 응답범주 중에서 하나에 응답함으로써 자신의 감정 상태를 표현한다. 각각의 감정 등급이 정확하게 등간격을 이룬다고 할 수는 없을 것이다. 매우 찬성과 찬성, 찬성과 보통, 보통과 반대, 반대와 매우 반대 간의 간격이 모두 동일하게 등간격을 이룬다고 단언하기 쉽지 않다.

둘째, 총점이 뜻하는 바가 개념적으로 분명하지 않다. 리커트척도는 점수의 합계를 이용해 태도를 측정하기 때문에 각 항목이 표현한 응답자의 태도의 강도가 묻혀버리게 되는 것이다. 예를 들어, 1번부터 5번까지 다섯 개의 문항으로 제품만족도를 측정한다고 생각해 보자. A와 B 두 응답자가 1번에서부터 5번까지의 문항에 응답하는데, A는 5, 5, 3, 1, 1이라고 응답했고, B는 1, 1, 3, 5, 5라고 응답을 했다. 두 사람은 총점이 15점으로 동일한 수준의 태도를 보인다고 해석을 하게 된다. 그러나 5개의 문항에서 1번과 2번은 가격에 대한 부분, 4번과 5번은 디자인에 대한 부분이라고 해보자. 이렇다면 두 사람의 태도는 동일한 수준이라고 보기는 어렵다. A는 가격에 대한 부분은 매우 긍정적이지만 디자인에 대한 사항에서는 매우 부정적인 태도를 보였다. 반면 B는 이와 반대로 가격 관련 사항은 매우 부정적이지만 디자인에 대해서는 매우 긍정적인 입장을 취하고 있다. 이렇듯이 리커트 척도는 각 개별 항목들이 뜻하는 바와 이에 대한 태도가 전체에 묻혀 희석되는 단점이 있다.

셋째, 결측치의 영향을 많이 받는다. 상기 예에서 A는 1번부터 4번까지라 5를 답했으나 5번은 실수로 응답을 하지 않았고, B는 1번부터 5번까지 모두 4를 답했다고 생각해 보자. 이때 총합으로 태도를 측정한다면 두 사람 모두 20

점으로 동일한 태도를 보이게 된다. 그러나 만일 A가 실수를 하지 않았다면 25점으로 보다 긍정적인 태도를 취했을 가능성이 높다. 이처럼 총합을 사용하면 결측치의 영향으로 태도가 왜곡될 여지가 있다. 그러므로 실제로는 평균점수를 이용하여 태도를 관측한다. 평균을 산출할 때는 결측치를 제외하고 연산하므로 A=[(5+5+5+5)/4]=5점, B=[(4+4+4+4+4)/5]=4점으로 A가 상대적으로 강한 긍정상태임을 알 수 있는 것이다.

〈표 6-1〉 **리커트 척도의 예**

1. 귀하는 보수수준에 대해 만족하십니까?
   ① 매우 만족 ② 만족 ③ 보통 ④ 불만족 ⑤ 전혀 불만족

2. 귀하는 업무에 대해 만족하십니까?
   ① 매우 만족 ② 만족 ③ 보통 ④ 불만족 ⑤ 전혀 불만족

3. 귀하는 후생복리수준에 대해 만족하십니까?
   ① 매우 만족 ② 만족 ③ 보통 ④ 불만족 ⑤ 전혀 불만족

6.3.2.2. 서스톤 척도Thurstone Scale, 등현간격척도

Thurston은 유사등간기법method of equal-appearing intervals, 1대1 비교법method of paired comparison, 순차적 등간기법successive intervals 등 세 가지의 척도를 제안했으나, 보편적으로 서스톤 척도라 하면 유사등간기법을 지칭한다.

서스톤 척도는 어떤 사실에 대하여 가장 우호적인 태도와 가장 비우호적인 태도를 나타내는 양 극단을 등간격으로 구분하여 여기에 수치를 부여하는 등간척도이다. 서스톤 척도는 리커트 척도에 의해 얻은 자료가 등간격을 이룬다는 명확한 근거가 없기 때문에 구상된 척도이다.

서스톤 척도 구성절차는 다음과 같다. 첫째, 연구자가 연구하고자 하는 태도와 관련된 다양한 의견100~200개을 수집한다. 둘째, 수집한 의견의 객관성을 높이기 위해 다수의 평가자를 선정하여 선호성의 정도를 측정한다. 셋째, 평가자들에게 각 의견을 선호수준에 따라 일정하게 지시된 범주보통 11개 범주로써 가장 선호하면 11, 가장 선호하지 않으면 1로 분류하도록 하고, 호의성 정도에 따라 분류된 각 집단에 적

절한 수치를 부여한다. 넷째, 척도상의 각 점수를 대표할 수 있는 문장을 몇 개씩 선정하여 척도를 구성하되, 평가자들 간에 이견이 큰 문항은 제외해야 한다. 다섯째, 선정된 항목에 대해 각각 중위수를 구하여 그 문항의 척도치로 삼고, 이것을 순서대로 배열한다.

이처럼 최종적인 서스톤 척도의 형태는 여러 개의 문항으로 구성되며, 각 문항마다 특정한 척도값이 부여된다. 서스톤 척도의 측정방식은 해당 문항에 동의하면 해당 문항의 척도값을 얻게 되고 반대하면 0으로 처리하여, 동의한 문항에 대한 척도값을 합산·평균하여 해당 개념에 대한 측정값을 얻게 된다.

서스톤 척도는 많은 수의 의견수집이 곤란하며, 문항의 등간격성 확보가 어렵고, 평가자의 편견이 개입될 여지가 있으며, 비용과 시간의 소요가 과다할 수 있다.

아래의 예는 가상의 자료로써, 대중매체에 대한 태도를 조사한 것이다. 이해를 돕기 위해 가장 우호적인 7점에서 가장 비우호적인 1점으로 척도점수가 부여된 상태에서 실제 조사가 이루어진 것이라고 가정해 보자. 조사대상자는 3), 5), 6), 7) 문항에만 찬성한다고 응답하였고, 이를 계산하여 응답자의 태도를 측정하면 (4+3+6+7)÷4이므로 5점이다. 중위수가 4점이므로 본 응답자는 긍정적인 태도를 보이는 것이다.

〈표 6-2〉 **서스톤 척도의 예**

찬성 여부	항 목	척도값
( )	1) 모든 대중매체는 유해하다.	1
( )	2) 대중매체는 지식습득의 방해요인이다.	2
(✓)	3) 대중매체는 좋은 정보를 제공한다.	4
( )	4) 대중매체는 유익하다.	5
(✓)	5) 대중매체의 영향력은 부정적이다.	3
(✓)	6) 대중매체는 활용도가 높다.	6
(✓)	7) 현대사회에서 대중매체는 반드시 필요하다.	7

6.3.2.3. 거트만 척도Guttman Scale

거트만 척도는 보가더스 척도를 발전시킨 것으로써, 척도를 구성하는 과정에서 문항들의 단일차원성이 경험적으로 검증되도록 설계된 척도이다. 거트만 척도는 단일차원적이고 누적적인 성격을 지닌다. 누적적인 성격이라는 것은 자신과 거리가 가까우며 강한 태도를 뜻하는 문장에 찬성하는 응답자는 거리가 멀고 약한 태도 문장에도 찬성할 것은 자명하기에 이를 바탕으로 문항을 배열한다는 의미이다. 거트만 척도에서는 재생계수Coefficient of Reproducibility, CR[4]를 통해서 그 정도를 파악하는데, 재생계수가 1일 때 완벽한 척도구성 가능성을 가진다. 보통 재생계수가 최소한 0.90은 되어야 바람직한 거트만 척도라 할 수 있다.

거트만 척도 구성절차는 첫째, 척도구성 항목 선정, 둘째, 응답자의 응답을 scalogram 용지에 기입, 셋째, 재생계수 계산, 넷째, 구성항목을 조정하여 척도를 구성하는 네 단계를 거친다.

아래의 예를 보면, 쓰레기 소각시설에 대한 태도가 1)에서 5)로 갈수록 서열성을 보인다. 1)에서부터 5)까지 문항의 근접거리와 강도에 따라 각각 문항에 2점, 4점, 6점, 8점, 10점의 가중치를 부여한다면 서열성은 더더욱 확연해진다. 특정 응답자가 본 조사에서 10점을 받았다면 해당 응답자의 태도를 명확하게 파악할 수 있다.

〈표 6-3〉 **거트만 척도의 예**

항 목	A	B	C	D
1) 쓰레기 소각시설이 우리 시市에 있는 것은 어떻게 생각하십니까?	○	○	○	○
2) 쓰레기 소각시설이 우리 구區에 있는 것은 어떻게 생각하십니까?	○	○	○	×
3) 쓰레기 소각시설이 우리 동洞에 있는 것은 어떻게 생각하십니까?	○	○	×	×
4) 쓰레기 소각시설이 우리 이웃동네에 있는 것은 어떻게 생각하십니까?	○	×	×	×
5) 쓰레기 소각시설이 우리 동네에 있는 것은 어떻게 생각하십니까?	×	×	×	×

4) 재생계수 $= 1 - \dfrac{\text{응답의 오차 수}}{\text{문항 수} \times \text{응답자 수}}$

6.3.2.4. 어의차이 척도Semantic Differential, SD

어의차이 척도는 어의차별 척도라고도 지칭되며 1950년대 Charles. E. Osgood (1957) 등에 의해 개발되었다. 어의차이 척도는 일직선으로 도표화된 척도의 양 극단에 서로 상반되는 형용사를 배열하여 양 극단 사이에서 해당 속성에 대해 평가를 하는 척도로써 여러 차원에 대해 평가와 비교하는 데 편리하다.

어의차이 척도는 대상의 평가상태를 척도상에 표시함으로써 시각적인 표현이 가능하다. 각 문항에 대해서는 3, 5, 7, 9점 척도를 사용할 수 있으나, Osgood은 7점 척도를 가장 효과적이라고 주장하였다.

아래 예는 변호사(●)와 검사(■)에 대한 이미지를 비교한 것이다. 많은 대상자들로부터 응답을 받은 후, 이를 각 형용사 쌍마다 평균점수를 계산한다. 이후 응답의 평균을 등간화된 점수구간 내에 표시함으로써 이미지 차이를 프로파일 분석profile analysis 할 수 있다.

결과에 의하면 변호사(●)가 검사(■)에 비해 상대적으로 보다 긍정적인 형용사, 즉 가볍고, 밝고, 긍정적이며, 능동적이고, 현명하며 따뜻한 대상이라고 인식되는 경향을 보이고 있다.

어의차이 척도를 보다 단순화한 것이 스타펠 척도stapel scale이다. 이는 보편적으로 하나의 형용사 쌍을 이용하여 프로파일링 하는 것으로써 평가와 분석의 용이성을 높여준 것이다.

〈표 6-4〉 어의차이 척도의 예

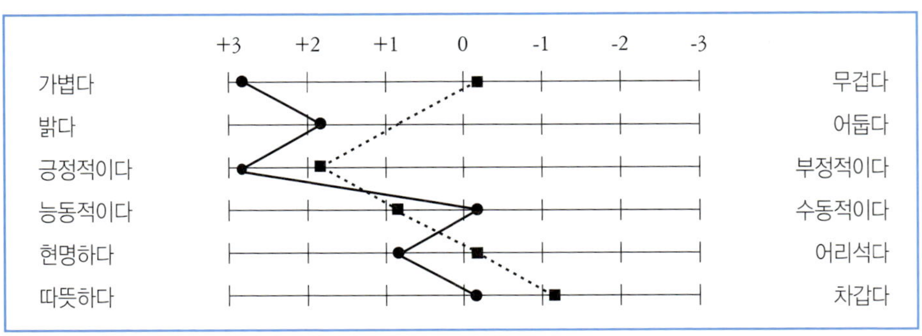

6.3.2.5. 보가더스 척도Bogardus Scale

보가더스 척도는 1920년대 Emory M. Borgadus에 의해 개발된 것으로 인종, 사회계급과 같은 형태의 사회집단에 대한 사회적 거리를 측정하는 척도로써, 하나의 집단이 다른 집단에 대해 어느 정도 거리감을 느끼는지 측정할 때 이용된다. 보가더스 척도는 가장 친밀한 진술에서 시작하여 점차적으로 중립적인 진술로 진행되다가 다시 가장 위협적 진술로 진행되는 연속성을 두고 보통 5~9개[5]의 질문을 배열한다. 각 사회집단마다 질문별로 '예'와 '아니요'로 응답을 하도록 조치하며, 가장 친밀한 진술에서부터 가장 위협적인 진술까지의 '예'에 대한 응답비율을 종합하여 비교하게 된다.

〈표 6-5〉 **보가더스 척도의 예**

항 목	한국인	일본인	미국인	중국인
결혼하여 가족성원으로 받아들이는 일				
개인적 친구로 클럽에 받아들임				
이웃으로 우리 동네에 받아들임				
같은 직장인으로 받아들임				
우리나라의 국민으로 받아들임				
우리나라의 방문객으로 받아들임				

6.3.2.6. 소시오메트리Sociometry

소시오메트리는 Jacob. L. Moreno[6]와 Helen Jennings가 발전시킨 인간관계 측정방법으로 집단구성원 간의 친화와 반발을 조사하여 그 빈도와 강도에 따라 집단구조를 이해하는 척도이다. 소시오메트리를 활용하면 집단의 지도자 및 의사소통의 흐름을 파악할 수 있다.

소시오메트리를 활용한 측정은 첫째, 목적의 규정, 둘째, 질문의 작성, 셋째, 조사대상자들에게 실제 적용, 넷째, 결과분석의 절차를 거쳐 이루어진다.

---

5) W. L. Neuman.(2000). *Social Research Methods : Qualitative and Quantitative Approaches*, 4th edition. MA : Allyn & Bacon.

6) Moreno는 한편으로 사이코드라마의 창시자이기도 하다. 사이코드라마는 역할수행기법 형태의 간접질문 방식으로써, **9. 자료수집**에서 다루고 있다.

소시오메트리의 분석방법은 소시오메트릭Sociometric 행렬과 소시오그램Sociogram이 대표적이다. 소시오메트릭 행렬은 한 사람의 다른 사람에 대한 응답을 해당 칸에 적고 종렬과 횡렬을 합산하면 각 구성원의 선택을 비교할 수 있다. 아래의 예로 간단하게 살펴보도록 하자. '마음 속에 고민이 있을 때 누구와 상담할 것인가?'라는 질문에 대해 아래와 같이 응답이 정리되었다. 여기에서 1은 상담을 받음을 뜻하고 0은 받지 않음을 의미한다. A는 B와 C에게 상담을 받고 있다고 응답했으며, B는 아무에게도 상담을 받지 않았다. C는 A, B, D에게 상담을 받고 있고, D는 B에게 상담을 받고 있었다. 이를 종합하면 현재 이 조직 내에서는 C응답계가 3으로 가장 많음가 가장 활발한 교류를 하고 있으며, B상담대상계가 3으로 가장 많음가 조직 내 지도자 역할 수행이 적합하다고 볼 수 있다.

〈표 6-6〉 **소시오 메트릭 행렬의 예**

상담대상 \ 응답자	A	B	C	D	상담대상계
A	·	0	1	0	1
B	1	·	1	1	3
C	1	0	·	0	1
D	0	0	1	·	1
응답계	2	0	3	1	

또한 소시오그램은 구성원 간의 선택·배척을 각종 선으로 표시하여 알기 쉽게 도표로 나타내는 방법으로써, 화살표의 교류가 가장 많은 대상아래의 예에서는 A와 D가 집단의 리더일 가능성이 높다이 해당 집단의 지도자가 될 수 있다.

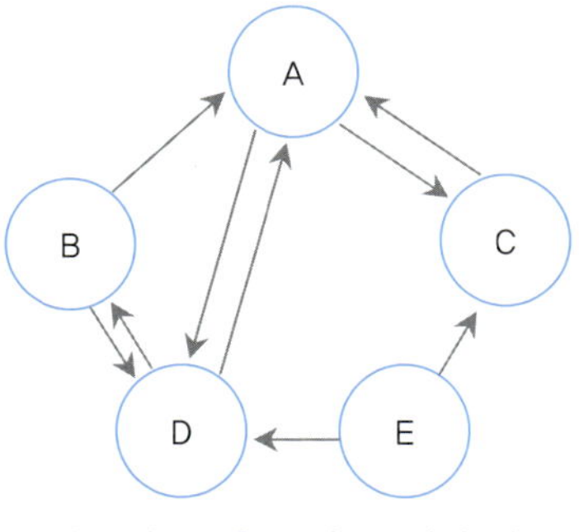

그림 6-1 소시오그램의 예

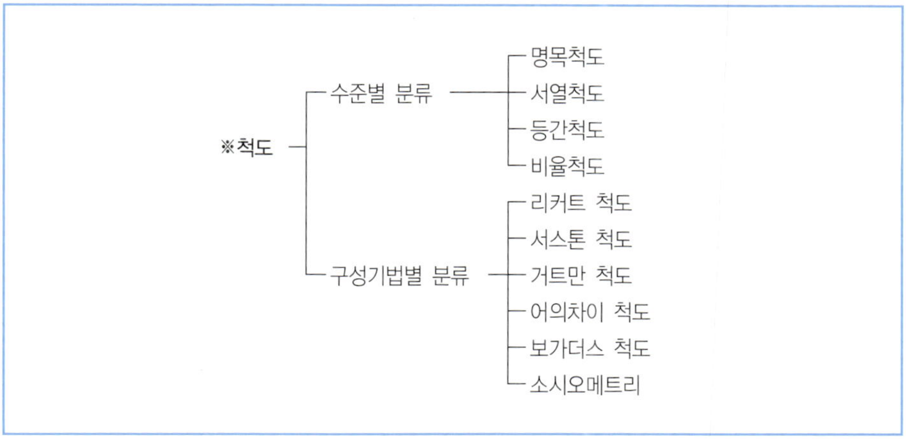

그림 6-2 척도의 구성체계

6.4. 타당도validity

타당도란, 측정하고자 하는 개념이나 속성을 얼마나 정확하게, 실제에 가깝도록 측정했는가 하는 정도를 뜻한다. 이는 이용된 측정도구가 측정하고자 하는 개념이나 속성을 정확하게 반영하고 있는 것과 같은 의미이다. 타당도는 **조사설계의 타당도**와 **측정의 타당도**의 두 차원으로 분류할 수 있다.

6.4.1. 조사설계의 타당도

조사설계의 타당도는 측정의 타당도에 비해서는 보다 넓은 개념으로써, 경험적 조사연구를 이용하여 인과관계를 얼마나 진실에 가깝게 추론했는가에 대한 논의라고 할 수 있다. 보편적으로 조사설계의 타당도는 **내적 타당도**internal validity와 **외적 타당도**external validity로 분류된다[7].

7) Tomas D. Cook과 Donald T. Campbell은 1979년 자신들의 저서에서 내적 타당도를 세분하여 통계적 결론의 타당도를 추가하고, 외적 타당도에는 구성개념의 타당도를 추가하기도 하였다. 통계적 결론의 타당도는 통계적 의사결정을 하는데 있어서의 타당도를 뜻한다. 통계학에서 거론되는 제Ⅰ종오류와 제Ⅱ종오류를 범하게 될수록 통계적 결론의 타당도가 낮아지는 것이다. 또한 구성개념construct validity 타당도는 흔히 개념 타당도라고도 호칭되는데, 이는 **측정의 타당도**를 다루면서 설명하였다.

먼저 **내적 타당도**는 인과관계의 정확한 추론정도를 의미한다[8]. 정교한 실험설계, 즉 최대한 진실험설계를 통해 외생변수를 통제하면 높일 수 있다. 그러나 내적 타당도를 높이기 위해 철저한 통제를 가한다는 것은 그만큼 외부에 대한 적용 가능성, 즉 일반화 가능성이 낮아짐을 뜻한다.

내적 타당도를 저해하는 **위협요인**으로는 크게 일곱 가지가 거론될 수 있다. 첫째, **검사**testing**요인**[9]이다. 이는 유사한 실험의 반복으로 실험에 대한 친숙도가 높아져서 결과가 왜곡되는 것을 뜻한다. 한 차례 검사를 수행한 후, 일정 시간 경과 후 동일한 조사도구를 이용하여 다시 한 번 조사를 수행한다면 많은 사람들은 이전에 자신이 응답했던 수치를 기억하여 두 번째 조사에 스스로 고려하여 결과를 작성하게 된다. 둘째, **성숙**maturation**요인**이다. 성숙은 자람, 즉 발달이다. 시간이 경과됨에 따라 조사대상집단의 속성은 자연스럽게 변화되기 마련이다. 예를 들어, 중학생의 성장에 우유가 미치는 영향을 진단하고자 한다. 실험집단들에게는 일정량의 우유를 지급하고, 통제집단에게는 우유를 지급하지 않음으로써 우유가 성장에 미친 영향을 비교하고자 하였다. 중학생들은 한창 성장기의 시기이다. 따라서 실험집단과 통제집단 청소년들의 성장은 우유와 관계없이 빠른 속도로 진행되며, 이에 더해 실험집단에 대한 우유의 영향을 정확히 측정할 수 없다. 이처럼 성숙요인은 순전히 시간의 경과로 인한 자연스러운 집단의 속성변화를 뜻한다. 셋째, **역사**history**요인**이다. 이는 조사기간 동안 발생한 우연한 사건이 결과에 영향을 미치는 것이다. 대표적인 예가 IMF 경제위기 상황 전후의 실업률 비교이다. 실업률을 낮추기 위한 국가의 정책적 노력이 지속되어오던 중에 IMF 경제위기와 같은 뜻하지 않은 사건이 발생한다면, 점차 개선되던 실업률이 현저히 높아지게 된다. 넷째, **회귀**regression**요인** 혹은 통계적 회귀이다. 회귀란, 돌아감을 의미한다. 가령, 폐암환자 집단에게 금연 프로그램을 적용한 후, 실제 금연 성공률을 측정한다고 한다면, 거의 100%에 가까운 성공률을 보일 것이다. 폐암환자들은 통상적인 집단

8) 타당도를 정확성이라는 관점으로 볼 때, 내적, 즉 실험 내부에서의 정확성은 바로 인과관계가 어느 정도 정확하게 추론되는지에 대한 인과관계 추론의 정확성이라고 연상할 수 있다.

9) 검사요인은 다른 용어로 시험효과 혹은 주시험효과라고도 한다.

에 비해 폐암이라는 극단에 치우쳤기 때문에 설령 금연 프로그램이 돕지 않는다 하더라도 필연적으로 담배를 끊을 것이다. 이처럼 회귀요인이란 극단적 측정값의 사례들은 실험이 없어도 자연스레 평균으로 회귀함을 뜻한다. 다섯째, **선발**selection**요인**으로써, 달리 선별요인이라고도 한다. 선발은 선택됨을 뜻한다. 실험집단과 통제집단을 구성하는데 동일성을 지니도록 배정한 것이 아니라 어느 한쪽이 높거나 낮도록 차이가 내재된 상태에서 실험에 임하는 경우에는 정확한 인과관계의 추정이 어렵다. 예를 들어, 고등학생들의 학습성취도 향상을 도울 수 있는 획기적인 교수법이 개발되었다. 이 교수법을 실험하기 위해 실험집단과 통제집단을 구성하여 실험집단에는 새로운 교수법을 적용하고 통제집단에는 기존의 교수법을 적용하여 일정 시간 경과 후 학업성취도를 측정한다고 해보자. 그런데 실험집단은 학업성취도가 높은 학생집단, 통제집단은 이와 반대로 학업성취도가 낮은 학생집단이라면, 새로운 교수법에 대한 영향력을 정확히 진단할 수 없다. 이처럼 실험집단과 통제집단의 구성차이에 의해 기본적인 차이가 내재되어 있는 경우는 선발요인이 개입된 것이다. 실험집단을 지원자로 구성한 경우 선발요인의 작용이 매우 크다고 유추할 수 있다. 여섯째, **상실**mortality**요인**도 중요한 고려사항이다. 이는 실험기간 중 일부의 탈락 또는 상실로 실험집단의 특성이 처음과 다르게 변화되는 것이다. 회귀요인에서 거론된 금연 프로그램을 일반 사람들에게 적용했다고 해보자. 대표성을 확보하여 흡연자 표본을 선정한 후 이 사람들로 하여금 약 2개월 간의 프로그램에 참여시켰다. 2개월 후 프로그램을 수료한 사람의 80%가 금연에 성공했기 때문에 본 금연 프로그램의 금연 성공률은 80%에 달한다고 일반화하였다. 그러나 사실상 2개월의 프로그램에서 중도에 참여를 포기한 참가자들이 총 100명 중 80명이었으며, 끝까지 수료한 사람은 20명에 불과했다. 이를 고려하면 20명 중 80%인 16명은 처음 참가자 100명에서 16%에 불과한 것이다. 일곱째, **측정수단**instrumentation**요인**이다. 이는 다른 용어로 도구요인이라고도 할 수 있다. 사전측정과 사후측정 간에 서로 다른 측정도구를 사용한다면 필연적으로 오차가 발생된다. 측정수단요인은 사전측정과 사후측정 간 사용도구의 불일치로 발생되는 인과관계 추론 저해요인이다. 이상과 같은 위협요인들은 선발요인을 중심으로 복합적인 형태로 작용하기도 한다. 내적 타당도를 확보하기 위해서는 첫째, 무작위 배정random assignment 또는 난선화randomization의 방법이 있다. 실험대상에게 실험집단과 통제집단에 배정될 기회를 동등하게 보장한 상태에서 어느 한 집단에 배정하는 것이다. 이로써 실험 이외의 조건들은 동일한 상황이 되는 것이다. 둘째, 짝짓기matching가 있다. 유사한 속성을 지닌 것끼리 둘씩 짝을 만든 후 하나는 실험집단, 다른 하나는 통제집단에 배정하여 동등성을 확보하는 것이다[10].

다음으로 **외적 타당도**란, 결과의 일반화 가능성 수준을 의미한다. 타당도가 정확성을 의미한다는 견지에서 볼 때, 외적 타당도는 실험의 결과를 외적, 즉 외부에 적용하는 것이 어느 정도 정확한지에 대한 논의라고 할 수 있다. 외적 타당도를 위협하는 저해요인은 첫째, 표본의 대표성을 들 수 있다. 실험대상을 선정할 때 모집단으로부터 대표성 있는 표본을 추출해야 일반화의 가능성을 높일 수 있다. 둘째, 생태적 대표성, 즉 실험의 인위적인 성격으로 인해 일반화의 한계가 있을 수 있다. 실험의 상태와 이를 일반화하기 위한 현실의 상태는 차이가 분명히 나타난다. 셋째, 여러 번의 실험에 의한 간섭이 해당된다. 하나의 집단에 수 차례의 실험처치를 가하게 되면 결과가 왜곡될 여지가 있다. 넷째, 연구자 효과 역시 외적 타당도를 저해한다. 연구자들의 고유한 스타일은 실험처치의 결과에 영향을 미친다. 따라서 동일한 실험처치를 실시한다 하더라도 연구자에 따라 결과는 다르게 나타날 수 있으므로 최대한 표준화된 절차에 의한 실험처치가 이루어져야 한다. 다섯째, 호손효과Hawthorne effect와 같은 대표적인 반응효과들 역시 간과될 수 없다[11].

외적 타당도를 높이기 위해서는 첫째, 최대한 무작위표본추출을 통해 표본을 구성하고, 둘째, 표본추출에서 계획적으로 이질적인 요소를 포함시키거나, 셋째, 대표적인 사례만을 표본으로 선정하여 조사에 적용하는 세 가지 방법이 있다.

10) 짝짓기는 정밀한 짝짓기precision matching or individual matching와 빈도분포에 의한 짝짓기matching by frequency가 있다.

11) 조사설계 단원의 ♣ **조사설계에서 고려해야 할 대표적인 반응효과들**을 참고하기 바란다.

한편 내적 타당도와 외적 타당도는 서로 반비례 관계를 가진다. 즉, 인과관계 추론의 정확성을 높이기 위해 외생변수를 철저히 통제하는 등 엄정한 조작을 가한다면, 그만큼 일반화의 가능성이 낮아진다. 반면 일반화 가능성을 적정 수준을 확보하기 위해 통제의 수위를 낮춘다면 인과관계의 추론 정확성은 떨어지게 된다. 따라서 타당도가 높은 조사설계를 위해서는 가급적 명확하게 정의된 모집단으로부터 최대한 대표성을 확보할 수 있는 추출방법으로 표본을 선정하고, 가능한 많은 외생변수를 파악하여 이를 통제할 수 있는 방법을 구상하는 것이 바람직하다.

6.4.2. 측정의 타당도

측정의 타당도로는 **내용 타당도**content validity, **기준 타당도**criterion-related validity, **구성개념 타당도**construct validity가 있다.

먼저 **내용 타당도**[12]는 전문가나 유경험자가 치밀하지 않게 판단하는 타당도로써, 주관적인 전문지식에 근거하여 판단한다. 내용 타당도는 해당 측정도구가 측정하고자 하는 문항의 모집단[13]으로부터 가장 잘 대표할 수 있는 항목들로 구성되었는지를 개괄적으로 살펴보는 것이다. 전문가의 주관적 판단과 또는 관계 전문가들의 의견에 의존하기 때문에 엄정하지 않으며 대략적인 성격을 지닌다. 내용 타당도는 통계적인 절차를 사용하지 않기에 적용이 용이하고 시간을 절약할 수 있다는 장점이 있다. 그러나 전문가의 주관적인 해석과 판단에 의존하기 때문에 오차나 실수가 개입될 수 있으며, 경우에 따라서는 형식적 행위로 전락할 여지가 있다. 또한 판단의 기준이 되는 수치적 근거가 없다는 단점을 지닌다[14].

12) 통상적으로 액면 혹은 표면 타당도face validity와 혼용하여 사용하기도 하지만, 엄밀하게는 다른 개념이라고 볼 수 있다. 내용타당도가 작성된 측정도구가 측정하고자 하는 개념의 하위영역들을 잘 포함하고 있는가를 논리적으로 검토(김경우, 2008 : 150)하는 논리적 타당도logical validity라면, 액면 혹은 표면 타당도는 작성된 측정도구, 즉 척도가 측정하려고 하는 개념과 매우 관련이 깊다는 일반적인 합의가 도출될 수 있는 것인가에 관한 것(김경우, 2008 : 150)이라고 볼 수 있다.

13) 척도구성의 기본 전제의 하나이다. 척도구성의 기본 전제는 **6.3.2. 척도의 구성방법에 따른 분류**에서 확인할 수 있다.

14) 이에 대한 보완으로써, 척도개발연구 등에서는 **내용타당도지수**Content Validity Index, CVI를 이용할 수 있다. 매 문항마다 '매우 적절', '적절', '부적절', '매우 부적절'의 응답범주를 부여한 후, 다수의 전문가들로부터 응답을 받아낸다. 여러 전문가들이 적절한 것('적절', '매우 적절')으로 응답한 비율이 90% 이상인 문항들은 내용타당도가 확보된 것으로 전제(Hubley & Palepu, 2007)하지만, 경우에 따라서는 80%를 기준으로 삼

다음으로 **기준 타당도**[15]는 이미 경험적으로 입증된 타당도가 있다고 알려진 다른 기준과 비교한 측정도구의 타당도로써, 동시적 타당도concurrent validity와 예측적 타당도predictive validity로 세분된다. 동시적 타당도와 예측적 타당도의 구분에서는 시간의 개념이 관여한다. 현재 시점적이면 동시적 타당도, 미래 시점적이면 예측적 타당도라고 할 수 있다. 예를 들어, 모 기업에서 영어 구사능력을 측정하기 위해 자체적으로 영어시험제도를 만들어 직원들에게 응시토록 하였다. 새로 만들 시험제도의 타당도를 확인하기 위해 직원들의 TOEIC 점수를 제출하도록 하여 비교해본 결과, 두 결과 간에는 상관관계가 매우 높게 나타났다. 이럴 경우, 새로 만든 영어시험제도는 TOEIC이라는 기준criterion에 비추어 볼 때 기준 타당도 중 동시적 타당도가 높다고 볼 수 있는 것이다. 한편 입사시험제도의 타당도를 평가하기 위해 합격자들이 채용된 후 일정 기간이 경과한 다음 근무평가를 내려 근무평가점수와 입사시험점수 간의 상관관계가 높게 나타났다면 입사시험은 기준 타당도 중 예측적 타당도가 높은 것이라고 할 수 있다.

마지막으로 **구성개념 타당도**[16]는 추상화의 정도가 높은 구성개념construct이 실제로 측정도구에 의해 제대로 측정되었는지 혹은 추상적 개념과 측정지표가 어느 정도 일치하는지를 뜻한다. 구성개념 타당도는 **수렴 타당도**convergent validity와 **판별 타당도**discriminant validity를 확보함으로써 높일 수 있다. 수렴 타당도[17]는 동일한 개념을 측정하는 경우에는 서로 다른 측정방법을 사용하더라도 측정값은 하나의 차원으로 수렴해야 한다는 논의이다. 가령 어떤 사람이 자신의 영어능력을 측정하기 위해 TOEIC 시험과 TOEFL 시험을 한꺼번에 치뤘다고 가정해보자. 만일 이 사람이 영어능력이 높은 편이라면 두 시험의 결과는 유사한 수준에서 높은 점수를 보이게 될 것이다. 즉, 영어능력이 높다는 동일한 개념을 측정하는데 두 가지 다른 측정방법을 활용하였으며 성적이 모두 높게 나

기도 한다.

15) 경험적 타당도empirical validity라고도 한다.

16) 구성개념 타당도는 구성 타당도, 구성체 타당도, 개념 타당도 등으로 통용되기도 한다.

17) 다른 말로 집중 타당도라고도 한다.

타났으므로 두 시험 제도는 영어능력을 측정하는 데 수렴 타당도가 높다고 할 수 있다.

판별 타당도[18]는 서로 다른 개념을 측정하는 경우에는 동일한 측정방법을 사용하더라도 측정값 간에는 차별성을 나타내야 한다는 것이다. 한 사람은 영어능력만 뛰어나고 또 다른 한 사람은 수학능력만 뛰어나다고 가정할 때, 두 사람의 능력을 TOEIC 시험이라는 동일한 도구로 측정한다고 하면, 영어능력만 뛰어난 사람은 높은 점수를 받겠으나 수학능력만 뛰어난 사람은 낮은 점수를 받을 것이다. 즉, 서로 다른 능력치를 같은 도구를 이용하여 측정하면 두 결과의 관계의 정도가 매우 낮거나 혹은 관계가 없게 된다. 이럴 때 TOEIC 시험은 영어능력과 수학능력 진단에 대해 판별 타당도가 높다고 볼 수 있는 것이다.

구성개념 타당도의 측정은 **다속성-다측정 행렬분석**multitrait-multimethod matrix technique이나 **요인 분석**factor analysis을 이용하여 측정한다. 먼저 **다속성-다측정 행렬분석**은 Donald T. Campbell과 D. W. Fisker에 의해 1959년에 제안되었다. 다속성-다측정 행렬분석은 두 개 이상의 개념을 측정할 수 있는 도구를 각각 두 개 이상 개발하고 반복조사가 이루어져야 한다. <표 6-7>은 이를 표현한 것으로써, A개념과 B개념을 측정하는데 측정방법 I 과 측정방법 II를 사용하여 반복 조사가 이루어짐을 뜻한다[19]. 우리가 관심을 가져야 할 것은 (b)·(e)·(l)·(o)와 (c)·(h)·(i)·(n)이다. 전자는 각각 다른 개념을 동일한 방법으로 측정하였기에 상관관계가 낮아야 한다. 바로 판별 타당도가 확보되어야 한다. 반면 후자는 동일한 개념을 다른 방법을 이용하여 반복 측정한 것이다. 따라서 상관관계가 높아야 하며, 수렴 타당도가 확보되어야 한다. 이처럼 다속성-다측정 행렬분석은 반복 측정의 개념이므로 서로 다른 개념을 측정하기 위한 상이한 측정도구 개발의 부담이 크며 비용이 많이 들기에 한정적으로 사용된다. 다만, 본 방법은 새로운 측정방법을 개발할 경우 매우 강력한 방법 중에 하나라고 할 수 있다.

18) 차별 타당도라고도 한다.

19) (a)·(f)·(k)·(p)는 동일한 개념을 동일한 방법으로 반복측정을 실시한 것으로써, 검사-재검사법의 논리이며, 이를 통해 신뢰도를 알 수 있다. 반면 (d)·(g)·(j)·(m)은 다른 개념을 다른 방법으로 각각 측정한 것으로 사항은 아무런 의미가 없다고 할 수 있다.

다음으로 **요인분석**은 다수의 변수들이 서로 어떻게 연결되는지 분석하여 이들 변수들 간의 관계를 적은 수의 차원dimension이나 요인들factors로 분류하는 다변량 통계분석기법이다. 요인분석은 서로 관계가 알려져 있지 않은 측정변수와 잠재변수 간의 관계를 규명하기 위해 이용하는 탐색적 요인분석exploratory factor analysis과, 이론적 지식 혹은 경험에 근거하여 각 측정변수와 잠재변수 간의 관계를 사전에 가정하고 이 가정을 통계적으로 검증하기 위해 이용되는 확인적 요인분석confirmatory factor analysis의 두 가지가 있다[20]. 수치에 의한 결과를 산출할 수 있으며, 무엇보다도 각종 통계분석 프로그램을 활용할 수 있으므로 사회과학 분야에서는 요인분석이 널리 사용되고 있다.

〈표 6-7〉 **다속성-다측정 행렬분석의 논리**

		측정방법Ⅰ		측정방법Ⅱ	
		A개념	B개념	A개념	B개념
측정방법 Ⅰ	A개념	(a) 동일개념/ 동일방법 (검사-재검사법)	(b) 다른 개념/ 동일방법 (판별 타당도 要)	(c) 동일개념/ 다른 방법 (수렴 타당도 要)	(d) 다른 개념/ 다른 방법 ·
	B개념	(e) 다른 개념/ 동일방법 (판별 타당도 要)	(f) 동일개념/ 동일방법 (검사-재검사법)	(g) 다른 개념/ 다른 방법 ·	(h) 동일개념/ 다른 방법 (수렴 타당도 要)
측정방법 Ⅱ	A개념	(i) 동일개념/ 다른 방법 (수렴 타당도 要)	(j) 다른 개념/ 다른 방법 ·	(k) 동일개념/ 동일방법 (검사-재검사법)	(l) 다른 개념/ 동일방법 (판별 타당도 要)
	B개념	(m) 다른 개념/ 다른 방법 ·	(n) 동일개념/ 다른 방법 (수렴 타당도 要)	(o) 다른 개념/ 동일방법 (판별 타당도 要)	(p) 동일개념/ 동일방법 (검사-재검사법)

20) 요인분석에 대한 상세한 내용은 통계학 및 통계분석 프로그램을 다룬 서적을 참고하기 바란다.

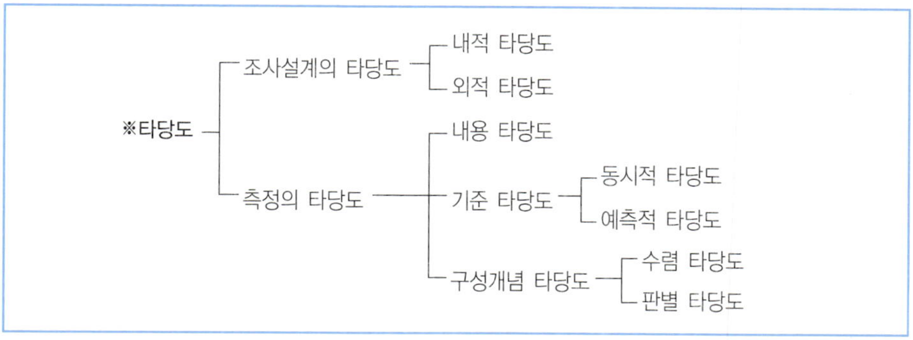

그림 6-3 타당도의 구성체계

6.5. 신뢰도reliability

신뢰도란, 정확한 의미에서 **측정의 신뢰도**를 뜻하며, 측정하고자 하는 현상을 얼마나 일관성 있게 측정했는가 하는 정도로써, 동일한 개념에 대해 측정을 반복했을 때 동일한 측정값을 얻는 가능성을 뜻한다. 측정을 반복할 때 결과가 동일하게 나타난다면 측정의 안정성이 매우 높기에 안정성stability과도 통하는 개념이라고 볼 수 있다[21].

6.5.1. 신뢰도 측정방법

신뢰도를 측정하는 방법에는 **검사－재검사법**test-retest method, **복수양식법**multiple forms techniques, **반분법**split-half method, **내적일관성 분석법**internal consistency analysis의 네 가지가 있다.

첫째, **검사－재검사법**은 조사시행 후 일정 기간이 경과한 후에 동일 도구로 동일 대상에게 재조사를 실시하고 두 결과 간의 상관관계를 검토하는 방법이다. 측정도구 자체를 직접적으로 비교할 수 있으며, 적용이 간편하다는 장점이 있는 반면, 동일한 조사의 반복으로써 시간과 비용의 문제와 응답자에게 불쾌감을 조성할 가능성이 있다. 또한 시간의 경과가 필요하기 때문에 여러

21) 신뢰도는 이외에도 일관성consistency, 예측 가능성predictability 등의 개념과도 상통할 수 있다.

가지 내적 타당도 저해요인들, 특히 검사요인의 개입이 우려되는 방법이다. 검사-재검사법에서는 일반적으로 두 조사 간에 2주에서 4주까지의 시간 간격을 두는 것이 적당하다고 주장되고 있다.

둘째, **복수양식법**[22]은 동일한 개념에 대해 2개 이상의 상이한 측정도구를 개발하고 각각 적용한 후, 두 측정치들 간의 일치 여부를 검증하는 방법으로써, 두 측정도구가 서로 동등하다는 전제가 수반된다. 동일한 두 측정도구를 반복해서 사용하는 것이 아니므로 검사요인의 개입을 통제할 수 있다는 장점을 지니지만, 척도 간 동등성 확보가 어렵기 때문에 신뢰도가 낮은 경우 실제로 신뢰도의 문제인지 아니면 측정도구의 동등성이 확보되지 못함으로 인한 결과인지 알 수가 없다. 더불어 두 도구가 유사할 경우 검사요인의 개입을 배제하지 못한다.

셋째, **반분법**은 측정도구를 임의로 반으로 나누어 각각을 독립된 척도로 보고 이들 간의 결과를 비교하는 방법으로써 복수양식법의 논리를 보다 발전시킨 것이다. 반분법을 적용하기 위해서는 먼저 해당 측정도구가 명백하게 같은 개념을 측정하는 것이어야 하며, 양분된 두 측정도구가 각각 완전한 척도로써의 역할을 수행할 만큼 문항의 수가 많아야 한다. 반분법의 가장 큰 문제점은 문항이 어느 쪽에 속하느냐이다. 다시 말해, 항목의 배분에 따라 신뢰도가 변화된다는 것이다. 보편적으로 홀수와 짝수로 구분하여 분류하지만 반드시 이렇게 구분해야 할 논리적 근거는 없다.

넷째, **내적 일관성 분석법**은 단일의 신뢰도 계수를 계산할 수 없는 반분법의 단점을 보완한 것으로써, 가능한 모든 반분신뢰도를 계산하여 그 평균값을 신뢰도로 추정하는 방법이다. Lee J. Cronbach에 의해 수학적 계산이 가능해졌으며, 현실적으로 가장 많이 사용하는 방법이다. 보편적으로 Cronbach's α 계수는 0.60 이상을 기준으로 한다. 여러 가지 통계분석 프로그램을 이용하면 Cronbach's α계수를 계산할 수 있으므로 널리 쓰이는 방법이다.

22) 평행양식법parallel forms techniques 또는 대안양식법alternative forms techniques으로도 불린다.

6.5.2. 신뢰도 제고방안

측정의 신뢰도를 확보하는 방법으로는 첫째, 측정도구의 모호성 제거, 즉 측정도구를 구성하는 문항을 분명하게 작성한다. 응답자마다 문항을 다르게 해석한다면 측정오차가 커질 수밖에 없다. 따라서 모든 조사대상자가 동일한 의미로 해석할 수 있도록 명확하게 작성하는 것이 바람직하다. 둘째, 측정자의 태도와 측정방식의 일관성을 유지해야 한다. 때에 따라 측정자의 외모나 태도로 인해 후광효과halo effect가 발생하기도 하고, 측정자의 열정과 기대심리로 인해 조사원 기대효과expectancies of experimental staf가 작용하기도 한다. 측정자의 태도가 일관되지 못한다면 응답자의 반응 역시 달라지므로 측정오차가 개입된다. 그러므로 일관된 태도 및 측정방식의 유지는 신뢰도 확보의 가장 기본이 되는 사항 중에 하나라고 할 수 있다. 셋째, 조사대상자가 잘 모르거나 무관심한 내용은 측정항목에서 제거한다. 보편적으로 응답자들은 잘 모르거나 무관심한 내용일 경우 중립에 응답하려는 경향을 보인다[23]. 따라서 가급적이면 조사대상자가 관심을 가진 내용이나 잘 아는 내용을 위주로 측정항목을 구성해야 한다. 넷째, 측정항목의 수를 늘린다. 다섯째, 사전검사pre-test를 실시하여 자료수집 전에 최종점검과정을 거친다. 여섯째, 이미 신뢰도가 검증된 측정도구를 이용한다[24].

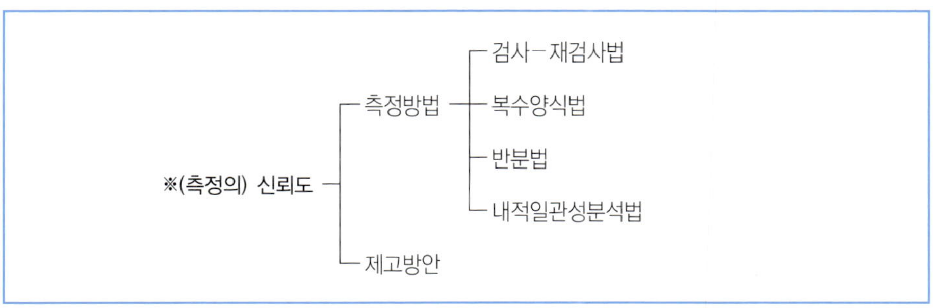

그림 6-4 **신뢰도의 구성체계**

---

23) 리커트 척도 문항에 일률적으로 3점이 체크되는 것이 대표적이다.

24) 주의할 점은 표본의 수를 늘리는 것과 신뢰도를 높이는 것은 관계가 없다는 것이다. 신뢰도가 낮은 측정도구를 이용한다면 아무리 많은 수의 표본을 대상으로 조사한다하더라도 신뢰도를 높일 수 없다.

6.6. 타당도와 신뢰도의 관계

타당도와 신뢰도의 관계는 다음의 ❙그림 6-5❙로 생각해볼 수 있다. 세 양궁선수가 각각 12발의 화살을 쏴서 맞춘 결과라고 해보자. (A)는 모든 화살이 가운데에 적중하였고, (B)는 비록 가운데에 맞아야 하는 정확성은 떨어지지만 일관성은 충족되었으며, (C)는 12발의 화살이 과녁에 두서없이 맞았다.

(A)는 정확성과 일관성이 모두 높다. 다시 말해, 타당도와 신뢰도가 모두 높은 측정이다. 반면 (B)는 정확성, 즉 타당도는 낮으나, 일관성, 즉 신뢰도는 높은 측정을 의미한다. 또한 (C)는 일관성, 즉 신뢰도는 낮으며, 정확성, 즉 타당도도 낮은 측정을 뜻한다.

이를 근거로 정리하면 다음과 같다. 첫째, 타당도가 높으면 반드시 신뢰도도 높다(A). 둘째, 타당도가 낮더라도 신뢰도가 높을 수도 있으며(B), 신뢰도가 낮을 수도 있다(C). 셋째, 신뢰도가 낮으면 타당도 역시 반드시 낮다(C).

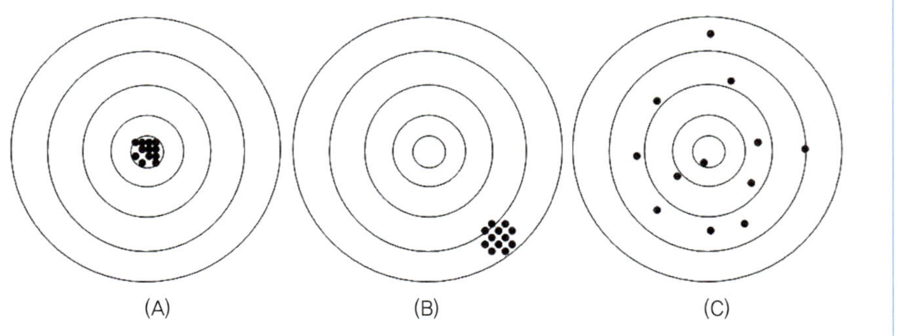

❙그림 6-5❙ 타당도와 신뢰도의 관계

6.7. 측정오차

거의 모든 경우에 측정하고자 하는 실제값을 정확히 측정한다는 것은 불가능에 가깝다. 따라서 실제값과 관측값 간에는 항상 오차가 발생되는데, 이를 측정오차라고 한다. 즉, **측정오차**란 측정대상이 갖는 참값과, 측정도구를 적용하여 측정한 측정값 사이의 불일치의 정도 또는 그 차이를 의미한다.

측정오차가 발생하는 원인은 첫째, 실제 개념과 일치되지 않는 측정이 원인이 된다. 이는 측정하고자 하는 속성이 아닌 다른 속성을 측정하는 경우이다. 둘째, 측정도구의 문제이다. 측정도구인 설문지가 내용상 모호하거나 어려운 질문 혹은 잘 모르는 내용인 경우 응답자들에게 정확한 응답을 기대하기 어렵다. 셋째, 측정방식이 문제가 되기도 한다. 자료수집방법으로 인한 차이를 의미하는데, 동일한 주제에 대해 집합조사, 배포조사, 우편조사, 면접법 등 어떤 방식으로 자료를 수집했는가에 따라 측정오차가 발생되기도 한다. 넷째, 응답자가 가진 독특한 성향 및 상황적 요인이 측정에 개입되기도 한다. 응답에 임하는 조사대상자만의 고유한 특성이나 자료를 수집하는 시간이나 환경적 요인은 응답상의 차이를 야기하게 되며, 이는 측정오차와 직결될 수 있다. 다섯째, 응답자 및 부호화과정상의 실수이다. 설문지에 응답하는 조사대상자의 단순 실수는 물론이고, 통계처리를 위한 코딩작업에서 오기입은 측정오차를 유발하는 원인 중 하나가 된다.

측정오차의 종류는 **체계적 오차**systemic error와 **비체계적 오차**random error로 분류할 수 있다. **체계적 오차**란, 변수에 일정하게 체계적으로 영향을 줌으로써 측정결과가 모두 높아지거나 모두 낮아지게 되는 편향된 경향을 보이는 오차를 뜻하며, 타당도와 관계된다. 예를 들어, 방 안에서 길이를 측정한다고 해보자. 방의 한쪽 면에서 다른 한쪽 면까지 직선거리를 측정하는데 1m짜리 자를 이용하여 측정하였다. 총 10회를 측정하여 10m라는 결론을 내렸다. 그런데 나중에 활용된 자가 사실은 99cm지만 인쇄불량으로 인해 1m라고 오표기된 것을 알게 되었다. 이런 경우는 총 10회에 걸쳐 측정이 이루어졌으므로 10cm를 감산한 후 9m 90cm라고 결과를 정정하기 쉽다. 이처럼 체계적 오차는 크기와 방향이 일정하므로 보정과 예측이 손쉽다.

반면 **비체계적 오차**는 무작위 오차라고도 하듯이 오차의 값이 인위적이거나 편향된 것이 아니라 다양하게 분산되어 있어 무작위적으로 발생하는 오차, 즉 측정대상, 측정과정, 측정수단, 측정자 등에 일관성없이 영향을 미침으로써 발생하는 오차를 말한다. 비체계적 오차는 신뢰도와 관계되며, 측정과정에서 우연히 일시적인 사정에 의하여 나타나는 오차로써, 근거를 알지 못하는 경우가 대부분이고, 통제가 불가능하다. 상기 예에서 동일한 측정에 다소 신축성이 있는 1m의 줄자를 활용했다고 가정해 보자. 길이를 측정하면서 팔의 힘을 정확하게 조절하지 못하면 때로는 1m 1cm, 때로는 99cm로 측정이 되기도 한다. 이와 같이 10회에 걸쳐 측정을 해서 10m라는 결론에 도달했다. 본 측정에서는 측정자가 몇 번째 측정에서 실수를 범했는지 전혀 예측이 불가능하다. 따라서 10m라는 결과가 설령 정확한 측정이 아니라 하더라도 보정이 불가능한 것이다.

단원 연습문제 6

01 측정에 대한 설명으로 옳지 않은 것은?

① 어떤 사실을 묘사 또는 기술하는 방법 중 하나이다.
② 이론적 세계와 경험적 세계를 연결시켜 주는 방법이다.
③ 이론적 개념을 경험적으로 인식할 수 있도록 수량화하는 것이다.
④ 추상화의 정도가 높은 개념일수록 측정이 용이하다.
⑤ 이론을 구성하는 개념이나 변수들을 현실세계에서 관찰이 가능한 자료와 연결시키는 과정이다.

02 대상이나 사건 또는 사람들에게 어떤 규칙에 따라 숫자를 부여하는 것을 무엇이라 하는가?

① 가설 ② 개념 ③ 척도
④ 이론 ⑤ 측정

03 측정에서 측정하고자 하는 대상에 부여하는 숫자들의 체계와 관련이 깊은 것은 무엇인가?

① 가설 ② 개념 ③ 척도
④ 이론 ⑤ 변수

04 다음 중 개념과 측정의 수준이 적절하게 연결된 것은 어느 것인가?

가. 성별 – 명목수준	나. IQ – 비율수준
다. 온도 – 등간수준	라. 교육수준 – 비율수준

① 가, 나, 다　② 가, 다　③ 나, 라
④ 가, 나, 라　⑤ 가, 나, 다, 라

05 측정대상의 속성을 분류하거나 확인할 목적으로 수치를 부여하는 측정의 수준은 무엇인가?

① 명목수준　② 서열수준　③ 등간수준
④ 비율수준　⑤ 비례수준

06 명목수준의 측정에 해당되는 개념으로만 짝지워진 것은?

① 주민번호 – 나이　② 교육수준 – IQ
③ 성별 – 출신대학　④ 성별 – 몸무게
⑤ 출신대학 – 소득

07 명목척도에 대한 설명으로 옳은 것은 무엇인가?

① 측정대상의 서열을 정하기 위해 사용한다.
② 수학적 연산이 큰 의미를 지닌다.
③ 명목척도의 예로는 성별, 학점, 온도 등이 있다.
④ 응답범주는 상호연관성을 지녀야 한다.
⑤ 수치의 부여는 단순구분을 목적으로 한다.

08 서열수준의 측정에 대한 설명으로 적절하지 못한 것은 어느 것인가?

① 분류된 범주 간의 거리나 간격에 관해서는 정보를 제공할 수 없다.
② 서열수준의 측정은 양적인 측정이다.
③ 측정대상을 속성에 따라 순위의 의미를 지닌 수치를 부여한다.
④ 분류의 의미는 물론이고 서열의 의미도 내재되어 있다.
⑤ 대표적으로 선호도, 대학생의 학점 등이 해당된다.

09 다음은 등간척도와 서열척도에 대한 진술이다 옳지 않은 것은 무엇인가?

① 서열척도는 질적 측정인 반면 등간척도는 양적 측정이다.
② 등간척도는 서열척도를 포함한 개념이다.
③ 온도는 서열척도에 해당되며, IQ는 등간척도이다.
④ 서열 간의 간격이 동일한 것이 등간척도이다.
⑤ 리커트 척도는 등간척도로 간주하여 사용되고 있다.

10 다음 중 등간척도에 해당되는 것을 모두 고르면?

가. 온도	나. IQ	다. 생활수준
라. 출신지역	마. 월급	바. 소득

① 가, 나, 다 ② 가, 나 ③ 나, 다
④ 가, 라, 마 ⑤ 나, 마

11 비율척도에 대한 설명으로 적절하지 않은 것은?

① 절대적인 0 또는 자연적인 0이 존재한다.
② 가감승제의 모든 수학적 연산이 의미를 지닌다.
③ 양적인 수준의 측정이다.
④ 소득, 길이, 무게, 나이 등이 대표적인 예라고 할 수 있다.
⑤ 수치부여는 단순구분이 주 목적이지만 경우에 따라 순서를 의미있게 해석할 수 있다.

12 측정의 수준에 따라 척도의 종류가 가장 낮은 수준에서 가장 높은 수준으로 배열한다면 다음 중 어느 것이 옳겠는가?

① 명목척도, 비율척도, 서열척도, 등간척도
② 명목척도, 서열척도, 등간척도, 비율척도
③ 비율척도, 등간척도, 서열척도, 명목척도
④ 서열척도, 비율척도, 등간척도, 명목척도
⑤ 등간척도, 서열척도, 비율척도, 명목척도

13 다음 중 비율척도에 해당되는 것으로 짝지어진 것은?

가. 가족 수	나. IQ
다. 몸무게	라. 화씨온도

① 가, 나, 다 ② 가, 다 ③ 나, 다
④ 라 ⑤ 가, 나, 다, 라

14 학생들의 중간고사 성적을 점수로 부여하는 방법(0~100)과 학점(A, B, C, D, F)으로 부여하는 방법에 사용된 척도는 각각 무엇인가?

① 등간척도, 서열척도 ② 명목척도, 서열척도
③ 서열척도, 등간척도 ④ 서열척도, 비율척도
⑤ 등간척도, 명목척도

15 '고등학생이 중학생보다 평균 공부시간이 더 많을 것이다'라는 가설을 검증한다고 해보자. 가급적이면 많은 정보를 획득하기 위해서는 독립변수와 종속변수를 어떤 수준의 척도로 구성하는 것이 바람직하겠는가?

① 독립변수 : 서열척도, 종속변수 : 비율척도
② 독립변수 : 등간척도, 종속변수 : 비율척도
③ 독립변수 : 명목척도, 종속변수 : 서열척도
④ 독립변수 : 비율척도, 종속변수 : 서열척도
⑤ 독립변수 : 명목척도, 종속변수 : 비율척도

16 다음 중 척도구성의 기본 요건에 대한 설명으로 옳게 짝지어진 것은?

가. 응답범주들 간에는 상호배타적이어야 한다.
나. 응답범주들은 응답가능한 상황들을 모두 포함하고 있어야 한다.
다. 응답범주들은 논리적 연관성을 가지고 있어야 한다.
라. 응답범주들 간에는 서로 내적 일관성을 가지고 있어야 한다.

① 가, 나, 다　② 가, 다　③ 나, 다
④ 라　⑤ 가, 나, 다, 라

17 **단일한 개념을 측정하는 여러 개의 설문문항으로 구성되어 있으며, 이들의 총점으로 응답자의 태도를 측정하는 척도는 무엇인가?**

① 리커트 척도　② 서스톤 척도　③ 거트만 척도
④ 보가더스 척도　⑤ 스타펠 척도

18 **다음 중 서스톤 척도에 대한 설명으로 옳지 않은 것은?**

① 문항평가자들의 사전평가가 필요하다.
② 어떤 사실에 대한 찬성과 반대의 태도를 묻기 위해 수치를 부여하는 방법이다.
③ 문항평가로 소홀히 평가되거나 의견이 일치되지 않는 사항은 제거한다.
④ 서열측정치에 해당된다.
⑤ 좋은 측정방법이지만 일반적으로는 많이 사용되지 못하고 있다.

19 **다음 진술들은 어떤 척도에 대한 설명인가?**

가. 단일차원성과 누적성을 검증하기 위해 재생계수를 이용한다. 나. 재생계수는 통상 0.9 이상이 바람직하다. 다. 문항을 난이도 혹은 근접성에 따라 일관성있게 배열한다.

① 리커트 척도　② 서스톤 척도
③ 거트만 척도　④ 보가더스 척도
⑤ 스타펠 척도

20 **거트만 척도에서 응답자 수가 150명이고 문항의 수는 20개, 응답의 오차 수는 60개라고 했을 때 재생계수를 구하면?**

① 0.42　② 0.98　③ 0.40
④ 0.80　⑤ 0.90

21 다음 중 인종이나 민족, 사회집단끼리의 사회심리적 거리감을 측정하기 위해 개발된 척도는 무엇인가?

① 거트만 척도
② 서스톤 척도
③ 리커트 척도
④ 보가더스 척도
⑤ 소시오메트리

22 다음 중 집단 내 구성원들 간의 거리를 측정하는 척도는 무엇인가?

① 거트만 척도
② 서스톤 척도
③ 리커트 척도
④ 보가더스 척도
⑤ 소시오메트리

23 다음 중 하나의 척도로 측정한 것을 다른 척도로 전환할 수 있는 척도로만 묶인 것은 어느 것인가?

① 등간척도, 비율척도
② 명목척도, 서열척도
③ 서열척도, 등간척도
④ 서열척도, 비율척도
⑤ 등간척도, 명목척도

24 다음 중 측정오차에 대한 설명으로 틀린 것은 무엇인가?

① 측정오차는 측정시점에 따른 대상자의 상태변화로 발생되기도 한다.
② 측정대상의 참값과 측정값 사이의 오차를 의미한다.
③ 사회과학에서 측정오차가 발생하는 것은 예외적인 현상이다.
④ 측정의 신뢰도 및 타당도에 관계가 있다.
⑤ 측정도구의 불완전성, 측정방법의 문제, 측정이 이루어지는 환경적 요인들은 측정오차를 발생시킨다.

25 **체계적 오차와 비체계적 오차에 대한 설명 중 틀린 것은?**

① 오차의 방향과 크기가 일정하게 나타나는 것은 체계적 오차이다.
② 체계적 오차는 측정결과가 모두 높아지거나 낮아지는 일관성을 보인다.
③ 비체계적 오차는 무작위 오차와 동일한 의미이다.
④ 체계적 오차는 측정의 타당도와 관계가 있다.
⑤ 비체계적 오차는 측정의 타당도와 관계가 있다.

26 **동일한 개념에 대해 측정을 반복했을 때 동일한 측정값을 얻을 수 있는 가능성을 무엇이라 하는가?**

① 타당도 ② 신뢰도 ③ 효율성
④ 경험성 ⑤ 정확성

27 **측정하고자 하는 것을 얼마나 실제에 가깝게 측정했는가와 관계되는 개념은 무엇인가?**

① 타당도 ② 신뢰도 ③ 효율성
④ 경험성 ⑤ 정확성

28 **측정의 타당도와 신뢰도의 관계에 대한 진술로 옳지 않은 것은?**

① 타당도가 낮아도 신뢰도는 높을 수 있다.
② 타당도가 높으면 신뢰도는 반드시 높다.
③ 신뢰도가 높으면 타당도는 반드시 높다.
④ 신뢰도가 낮으면 타당도도 반드시 낮다.
⑤ 타당도가 낮으면 신뢰도가 낮을 수도 있다.

29 다음 그림에 대한 설명으로 맞는 것은

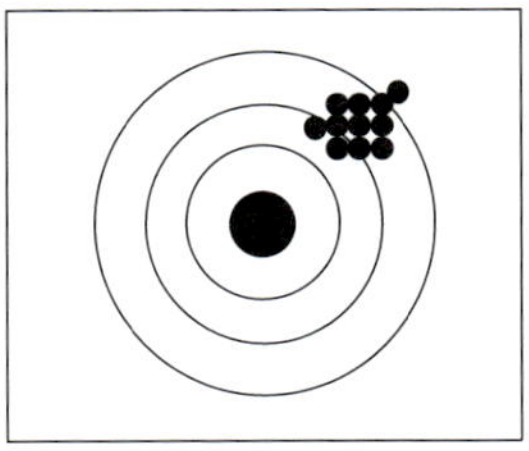

① 신뢰도는 높으나 타당도는 낮은 경우
② 신뢰도와 타당도가 모두 낮은 경우
③ 신뢰도와 타당도가 모두 높은 경우
④ 신뢰도는 낮으나 타당도가 높은 경우
⑤ 신뢰도 및 타당도와는 관계가 없음

30 측정오차에서 무작위 오차는 낮지만 체계적 오차는 높게 나타났다면 이는 타당도와 신뢰도의 관점에서 어떻다는 것인가?

① 신뢰도는 높지만 타당도는 낮다.
② 타당도는 높지만 신뢰도는 낮다.
③ 타당도와 신뢰도가 모두 높다.
④ 타당도와 신뢰도가 모두 낮다.
⑤ 신뢰도 및 타당도와는 관계가 없다.

31 노인복지시설에 거주하는 노인들이 사회복지사의 서비스를 몇 년 동안 받았음에도 불구하고 건강상태가 더욱 악화되었다고 결론을 내렸다. 이때 나타나는 유력한 내적 타당도 저해요인은 무엇인가?

① 검사요인 ② 역사요인 ③ 성숙요인
④ 회귀요인 ⑤ 도구요인

32 직업훈련 프로그램 시행 중 진행요원들 간의 예기치 못한 불화 때문에 프로그램의 효과가 제대로 나타날 수 없었다면 다음 중 어떤 요인이 작용한 것인가?

① 검사요인 ② 역사요인 ③ 성숙요인
④ 회귀요인 ⑤ 선발요인

33 금연 프로그램 실행 중 중도 포기자가 많아서 그 효과의 추정이 어려울 경우에 내적 타당도 저해요인은 무엇인가?

① 검사요인 ② 역사요인 ③ 성숙요인
④ 회귀요인 ⑤ 상실요인

34 사전측정과 사후측정을 동일한 조사도구로 조사한 경우처럼 시험에 대한 친숙도가 높아져서 측정값에 영향을 미치는 현상을 무엇이라 하는가?

① 검사요인 ② 역사요인 ③ 성숙요인
④ 회귀요인 ⑤ 도구요인

35 측정의 타당도에 해당하지 않는 것은?

① 내용 타당도 ② 기준 타당도 ③ 구성개념 타당도
④ 수렴 타당도 ⑤ 내적 타당도

36 다음 중 근무성적에 비추어 입사시험의 타당도를 평가하는 것과 같은 형태를 무엇이라 하는가?

① 내용 타당도 ② 기준 타당도 ③ 구성개념 타당도
④ 수렴 타당도 ⑤ 판별 타당도

37 조사자가 측정하고자 하는 추상적인 개념이 실제로 측정도구에 의해 적절하게 측정되었는가에 관계되는 측정의 타당도는 무엇인가?

① 내용 타당도 ② 기준 타당도 ③ 구성개념 타당도
④ 내적 타당도 ⑤ 외적 타당도

38 측정에 대한 타당도 평가 중 조사자의 주관적인 해석과 판단에 지나치게 의존함으로써 착오가 개입될 여지가 많고, 통계적 검증이 이루어지지 않는 결점을 지는 방법은 무엇인가?

① 내용 타당도 ② 기준 타당도 ③ 구성개념 타당도
④ 내적 타당도 ⑤ 외적 타당도

39 서로 다른 개념을 측정하기 위한 측정지표들 간에는 상관관계가 낮아야 한다는 의미의 타당도는 무엇인가?

① 내용 타당도 ② 집중 타당도 ③ 구성개념 타당도
④ 수렴 타당도 ⑤ 판별 타당도

40 제품만족도에 영향을 주는 요인에 대한 연구를 위해 설문지를 개발한 후, 관련분야 전문가에게 설문지의 검토를 부탁하였다. 무엇을 파악하기 위한 조치인가?

① 기준 타당도를 높이기 위해
② 수렴 타당도를 높이기 위해
③ 구성개념 타당도를 높이기 위해
④ 내용 타당도를 높이기 위해
⑤ 내적 타당도를 높이기 위해

41 측정의 신뢰도 측정방법이 아닌 것은?

① 복수양식법 ② 검사－재검사법
③ 반분법 ④ 다속성－다측정 행렬분석
⑤ 내적일관성 분석법

42 **동일한 상황에서 동일한 측정도구로 동일한 대상을 반복적으로 측정하여 그 결과를 비교하는 신뢰도 측정방법은 무엇인가?**

① 반분법 ② 복수양식법 ③ 검사－재검사법
④ 내적일관성 분석법 ⑤ 신뢰도 분석법

43 **신뢰도 측정기법으로 측정도구를 임의로 반으로 나누어 각각 독립된 두 개의 척도로 사용함으로써 신뢰도를 추정하는 방법은 무엇인가?**

① 반분법 ② 반복법
③ 내적일관성 분석법 ④ 복수양식법
⑤ 검사－재검사법

44 **다음 중 성격이 다른 하나는 무엇인가?**

① 내적일관성 분석법 ② 요인분석법
③ 복수양식법 ④ 검사－재검사법
⑤ 신뢰도

45 **측정의 신뢰도를 제고하는 방법과 관계가 적은 것은?**

① 비체계적 오차를 줄이는 데 노력한다.
② 측정도구의 모호성을 제거한다.
③ 측정항목의 수를 늘린다.
④ 면접자들의 면접방식과 태도에 일관성을 유지한다.
⑤ 조사 사례 수를 늘린다.

46 명목척도, 서열척도, 등간척도, 비율척도의 예를 2가지씩 들어 설명하라.

47 리커트 척도의 구성절차를 4단계로 정리하여 기술하라.

48 Thurston이 만든 유사등간척도란 무엇인지 설명하라.

49 체계적 오차와 비체계적 오차의 차이점에 대해서 설명하라.

50 외적 타당도와 내적 타당도의 의미를 각각 기술하라.

51 측정의 타당도의 종류에 대해 약술하라.

52 신뢰도를 평가하는 방법을 설명하고 한계점을 서술하라.

53 신뢰도를 높이기 위한 다섯 가지 방법에 대해 기술하라.

chapter 07

표본추출

07 표본추출

7.1. 표본추출의 의의

측정도구를 구성한 후에는 이를 이용하여 자료를 수집해야 한다. 이때 연구대상 전체로부터 자료를 수집하면 전수조사全數調査, complete enumeration[1], 일부로부터 자료를 수집하면 표본조사標本調査, sampling survey라고 한다.

전수조사의 경우, 일부로부터 전체, 즉 표본으로부터 모집단을 추정하는 것이 아니기 때문에 표본오차[2]가 없다는 장점이 있다. 그러나 시간과 비용이 과다하게 소요되고, 비표본오차[3]의 개입이 크기 때문에 모집단이 아주 적은 경우 이외는 거의 실시가 불가능하다. 따라서 많은 경우 모집단으로부터 일부 표본을 뽑아 조사를 실시하여 자료를 수집하고, 이를 이용하여 모집단을 추정한다.

이처럼 연구대상 전체로부터 선택된 일부, 즉 표본sample을 뽑아내는 행위를 **표본추출**標本抽出, sampling이라 한다[4].

표본추출에서는 표본이 모집단을 대표할 수 있는지의 여부, 다시 말해 표본의 대표성representativeness이 가장 중요하게 고려되어야 한다. 표본의 대표성 문제는 조사설계의 타당도 중 외적 타당도의 문제와 직결되기 때문이다.

---

1) 전수조사는 전체조사全體調査 혹은 완전계수법完全計數法이라고도 하며, complete enumeration 외에도 census라는 용어를 쓰기도 한다.

2) 표본오차sampling error는 전체가 아닌 일부 표본을 추출하였기 때문에 일어나는 오차이다. 이는 모집단과 표본 간의 불일치의 정도를 뜻한다.

3) 비표본오차nonsampling error는 표본추출을 하지 않음으로써 발생되는 오차이다. 조사준비 및 실제조사과정, 자료집계 및 자료처리과정 등에서 발생하는 모든 오차를 뜻한다.

4) 모집단의 특성치는 모수치, 표본의 특성치는 표본통계량이라고 지칭하며, 이와 관련해서는 통계학 서적을 참고하기 바란다.

7.2. 표본조사의 장 · 단점

먼저 전수조사에 비해 표본조사가 갖는 장점은 다음과 같다. 첫째, 신속하고 경제적으로 다량의 정보확보가 가능하다. 규모가 큰 전수조사에 비해 일부를 대상으로 조사를 실시하는 표본조사는 상대적으로 비용과 시간이 절약된다. 따라서 보다 많은 조사항목을 포함시킬 수 있으므로 상대적으로 많은 정보의 획득이 가능하다. 둘째, 모집단이 무한히 많은 경우 및 모집단의 정확한 파악이 불가능한 경우 또는 파괴조사를 실시해야 할 경우전구수명조사, 통조림위생조사, 자동차안전조사 등처럼 전수조사가 불가능할 때 유용하다. 셋째, 전수조사에 비해 세밀·정확한 조사가 가능하다. 표본조사는 조사준비 및 실시과정에서 발생하는 비표본오차의 개입이 적다. 또한 규모가 큰 전수조사보다 조사기간이 짧으므로 기간 내 조사대상에게 발생하는 변화를 미연에 방지하기 용이하다. 넷째, 표본을 제외한 오염되지 않은 피조사자 집단확보가 가능하다는 것이다. 반면 표본조사의 단점으로는 첫째, 모집단에 대한 대표성이 항상 큰 문제이다. 둘째, 모집단 자체가 작은 경우에는 표본추출이 무의미하다. 셋째, 복잡한 표본설계를 요하는 경우 시간과 노력이 많이 소요된다. 넷째, 표본오차, 즉 표본추출로 인한 오차가 발생된다는 점 등이 해당된다.

7.3. 표본추출의 과정표본설계과정

표본추출은 **모집단 확정**, **표본추출틀**sampling frame **결정**, **표본추출방법 결정**, **표본크기 결정**, **표본추출**의 다섯 단계로 이루어진다.

7.3.1. 모집단 확정

가장 먼저 수행해야 할 작업은 모집단을 확정하는 것이다. 모집단은 시간, 범위 및 대상이라는 측면에서 명확하게 규정되어야 한다. 예를 들어, ○○백화점에서 고객만족도 조사를 실시한다고 가정해 보자. 백화점이 영업을 시작한 시점부터 계속되는 미래에 이르기까지 또한 모든 지역에 분포한 해당 백화점들 모두를 대상으로 조사를 실시할 수 없다. 따라서 시간과 범위 및 대상을 정해야 하는 것이다. 가령 2010년 12월부터 2011년 1월까지 2개월 동안 서울시 ○○구 ○○동 소재 ○○백화점 이용자를 대상하여 조사계획을 수립해야 한다.

7.3.2. 표본추출틀 결정

두 번째로는 표본추출틀을 결정한다. 표본추출틀, 즉 표본프레임이란, 모집단의 구성요소나 표본추출 단위가 수록된 목록이다. 이상적인 표본추출틀은 모집단을 잘 대표하고 있어야 한다. 다시 말해, 표본추출 단위가 모두 포함되어야 하며, 중복으로 포함되는 단위가 없어야 한다. 가장 대표적인 표본추출틀은 전화번호부가 해당된다. 그러나 전화번호부와 실제 유권자는 완벽하게 일치되지 못한다[5]. 이와 같은 오차를 표본추출틀 오차라고 하는데, 실제로는 모집단과 표본추출틀이 일치하지 않기 때문에 발생하는 오차를 뜻한다.

7.3.3. 표본추출방법 결정

세번째로 표본추출방법을 결정한다. 이는 표본추출의 설계라고 할 수 있다. 표본추출방법은 **확률표본추출법**과 **비확률표본추출법**으로 분류된다.

7.3.3.1. 확률표본추출법

확률표본추출법에는 **단순무작위표본추출법**Simple Random Sampling, SRS, **계통표본추출법**systematic sampling, **층화표본추출법**stratified sampling, **집락표본추출법**cluster sampling의 네 가지가 있다.

5) 선거여론조사 등에서 표본추출틀로 전화번호부를 사용할 경우 첫째, 전화를 보유하지 않는 유권자는 표본추출틀에서 누락되고, 둘째, 전화는 가구별로 가입되어 있으며, 셋째, 투표권을 갖지 못한 미성년자나 회사 등 모집단의 구성요소가 아닌 단위가 포함되어 있다는 단점이 존재한다.

7.3.3.1.1. 단순무작위표본추출법

단순무작위표본추출법은 모집단을 구성하는 각 요소에 대해 표본으로 선택될 확률을 동등하게 부여하여 표본을 선정하는 방법이다. 즉, 모집단의 크기가 N이고 표본의 크기가 n이면 각 구성요소가 표본에 뽑힐 확률은 n/N으로 동일하다.

단순무작위표본추출법의 **기본 조건**은 모든 표본추출 단위는 동일한 표본추출 기회가 부여되어야 하며, 정확한 목록표list가 작성·확보되어야 한다.

단순무작위표본추출법의 **적용 순서**는 첫째, 모집단과 표본추출틀을 작성하고, 둘째, 각 구성요소에 고유번호를 부여한 후, 셋째, 표본의 크기를 결정하며, 넷째, 무작위추첨, 난수표, 컴퓨터 등 이용로 규정된 표본의 수만큼 추출한다.

단순무작위표본추출법의 **장점**은 모집단에 대한 사전 지식을 요하지 않고, 추출된 표본이 모집단을 잘 대표한다는 점이다. 반면 **단점**은 연구자가 모집단에 대해 가지고 있는 지식을 활용할 수 없고, 비교적 표본의 규모가 커야 하며, 표본프레임의 작성이 어렵다는 것이다.

7.3.3.1.2. 계통표본추출법

계통표본추출법은 모집단을 구성하는 구성요소들이 자연적 순서 또는 일정한 질서에 따라 배열된 목록에서 매 k번째 요소를 추출하여 표본을 형성하는 표본추출방법으로써 체계적표본추출법이라고도 한다. 계통표본추출법을 활용할 때는 연구자의 편견을 피하기 위하여 첫 번째 요소는 반드시 무작위로 선정되어야 한다.

계통표본추출법의 **적용순서**는 첫째, 모집단의 규모를 파악한 후 표본의 규모를 결정하고, 둘째, 모집단을 형성하는 각 구성단위의 본래 배열 또는 순서를 파악한 뒤, 셋째, 무작위로 선정된 k번째 요소를 추출한다.

계통표본추출법의 **장점**은 첫째, 신속한 표본추출이 가능하다. 둘째, 모집단이 클 경우에는 특히 효과적이다. 셋째, 모집단 전체에 걸쳐 공평하게 표본을 추출할 수 있으므로 단순무작위표본추출에 비해 대표성이 높다는 것이다. 반면 **단점**으로는 첫째, 선정된 매 k번째 조사단위 사이의 조사단위는 무시되고, 둘째, 모집단의 배열이 일정한 주기성periodicity을 보일 때는 대표성이 심각하게 저해된다.

7.3.3.1.3. 층화표본추출법

층화표본추출법은 모집단을 일정한 기준에 따라 2개 이상의 동질적인 층으로 구분하고 각 층별로 단순무작위추출방법을 적용하는 방법이다. 층화표본추출법을 이용하기 위해서는 모집단에 대한 기존 지식을 이용하여 모집단을 몇 개의 소집단으로 구분하되, 각 집단 내의 구성요소들은 동질적으로 구성해야 한다.

층화표본추출법은 중요 집단은 빼놓지 않고 표본에 포함시킬 수 있으므로 대표성이 높고, 동질적 대상은 표본의 수를 줄이더라도 대표성을 높일 수 있다는 **장점**을 가진 반면, 층화 시 모집단에 대한 지식이 필요하고, 근거가 되는 목록list이 필요하며, 이 목록이 없을 경우 많은 시간과 노력이 소요된다는 **단점**을 가진다.

또한 층화표본추출법에서는 몇 가지 **유의사항**이 있는데, 첫째, 각 표본추출 단위는 반드시 하나의 층에 속하도록 해야 하고, 둘째, 층화의 기준은 조사목적과 관련이 있어야 하며, 셋째, 층화의 기준 또는 변수에 대한 자료가 정확해야 하고, 넷째, 각 층 내에서 표본추출 시에는 반드시 무작위표본추출을 해야 한다는 것이다.

한편 층화표본추출법에는 모집단에서 각 층이 정하는 크기에 비례하여 각 층에서 추출되는 표본의 크기를 할당하여 추출하는 **비례층화표본추출법**proportional stratified sampling, 표본추출을 더욱 능률적으로 하기 위하여 각 층에 상이한 가중치를 주어서 추출하는 방법, 즉 가중표본추출인 **비비례층화표본추출법**disproportional stratified sampling, 동질적인 층은 이질적인 층보다 더 적은 수의 표본으로도 일정한 대표성을 확보할 수 있다는 전제하에 보다 동질적인 층은 비교적 적은 수의 표본을 선정하고, 다소 이질적인 층에서는 많은 표본을 선정하여 결과적으로는 가장 적은 표본의 크기로서 요구되는 정확성의 수준을 유지하는 방법인 **최적분할 비비례층화 표본추출법**optimum allocation disproportional stratified sampling으로 분류할 수 있다.

7.3.3.1.4. 집락표본추출법

집락표본추출법은 모집단을 이질적인 구성요소를 포함하는 여러 개의 집락으로 구분한 다음 구분된 집락을 표본추출단위로 하여 무작위로 몇 개의 집락을 표본으로 추출하고 이를 표본으로 추출된 집락에 대하여 그 구성단위를 전수조사하거나 무작위 표본추출하는 방법이다.

집락표본추출법은 보편적으로 **다단계집락표본추출법**의 형태로 활용된다. 다단계집락표본추출법의 예를 들면 다음과 같다. 선거여론조사를 실시한다고 할 때, 대략 4단계의 과정을 거쳐 최종적인 조사를 실시할 수 있다. 먼저 1단계에서 우리나라 16개 시·도 중 몇 개의 시·도를 무작위추출한다. 2단계에서는 추출된 몇 개의 시·도에서 다시 몇 개의 시·군·구를 무작위추출한다. 다시 3단계에 이르러 추출된 단위에서 몇 개의 읍·면·동을 무작위추출한다. 마지막 4단계에서는 추출된 읍·면·동에서 몇 개의 리·동을 무작위추출하고 여기에서 전수조사를 실시하거나 단순무작위표본추출법으로 표본을 선정한다.

집락표본추출법의 **장점**은 첫째, 모집단의 목록이 없을 때도 이용이 가능하고, 둘째, 광범한 모집단에 이용할 수 있으며, 셋째, 상대적으로 비용이 저렴하다는 것이다. 반면 **단점**은 첫째, 각 집락의 이질성을 확보하기 위한 분류의 기준 설정이 어렵고, 둘째, 다른 확률표본추출법보다 표본오차가 더 커질 가능성이 있으며, 셋째, 단순무작위표본추출법에 비해 특정 집락을 과대 혹은 과소 표본추출할 위험성이 있다는 것이다.

한편 층화표본추출법과 집락표본추출법의 공통점과 차이를 비교하면 <표 7-1>과 같다.

〈표 7-1〉 **층화표본추출법과 집락표본추출법의 비교**

		표본추출법	
		층화표본추출	집락표본추출
공통점		확률표본추출, 모집단을 몇 개의 하위집단으로 나눔	
차이점	표본추출단위	하위집단의 구성요소	하위집단 전체 혹은 일부
	하위집단구성	동질적	이질적
	집단 간 차이	이질적	동질적

7.3.3.2. 비확률표본추출법

비확률표본추출법으로는 **임의표본추출**accidental sampling, **판단표본추출**judgement sampling, **할당표본추출**quota sampling, **눈덩이표본추출**snowball sampling의 네 가지가 해당된다.

7.3.3.2.1. 임의표본추출법

임의표본추출법은 편의표본추출법convenience sampling이라고도 하며, 연구자가 닥치는 대로 모집단의 일정 사례, 단위를 표집하여 일정한 표본추출의 크기가 결정되면 그 표본추출을 중지하는 방법, 즉 연구자가 쉽게 이용가능한 대상을 표본으로 선택하는 방법이다. 예를 들면, 대학생의 브랜드 인지도 조사를 실시한다 했을 때, 특정 장소에서 지나가는 대학생으로부터 정해진 인원이 찰 때까지 닥치는 대로 조사를 실시하는 것이다.

임의표본추출법은 신속한 조사결과를 요할 경우에 유용하며, 경제적이고, 간편한 반면, 대표성이 떨어지므로 일반화가 어렵고, 접근이 용이한 조사대상을 선정하므로 표본이 편중되기 쉬우며, 오차의 개입을 방지하거나 평가하는 방법이 없다.

7.3.3.2.2. 판단표본추출법

판단표본추출법은 조사하고자 하는 모집단을 충분히 대표할 수 있다고 판단되는 사례를 표본으로 선정하는 방법이다. 연구자가 연구목적 달성에 도움이 될 수 있는 구성요소를 의도적으로 표본추출하는 방법이므로 목적표본추출법purposive sampling이라고도 한다. 판단표본추출법은 연구자가 모집단 및 구성요소에 대한 풍부한 사전 지식을 가지고 있을 때 유용하다. 상기 예처럼 대학생들에게 브랜드 인지조사를 실시할 때, 대학가 주변 등 대학생들이 많이 모이는 장소를 연구자가 판단하여 정한 뒤 해당 장소에 찾아가서 임의표본추출법으로 일정 사례를 확보하는 것이다.

판단표본추출법의 **장점**으로는 표본추출 비용이 적게 들고, 모집단에 대한 일정한 지식이 있는 경우는 표본추출이 편리하고 정확도가 높으며, 연구설계와 관련이 있는 요소들을 표본에 포함시킬 수 있다는 점이 해당된다. 반면 **단**

점으로는 모집단에 대해 충분한 지식을 가져야 하고, 표본추출에 있어 오차계산이 불가능하며, 연구자는 특정 요소가 대표성이 있다고 판단하지만 실제로는 그렇다는 보장이 없을 수 있다.

7.3.3.2.3. 할당표본추출법

할당표본추출법은 판단표본추출법의 변형으로써 추출된 표본이 모집단의 특성을 잘 대표할 수 있도록 미리 모집단의 특성을 나타내는 하위집단별로 집단을 분류한 후, 표본을 추출하는 방법이다.

모집단을 일정한 기준에 따라 분류한다는 점에서는 층화표본추출법과 모든 점에서 유사하지만, 마지막 표본추출단계에서 작위적인 방법임의표본추출법을 이용한다.

할당표본추출법의 **장점**은 첫째, 표본추출비용이 적고 표본추출이 쉽고 빠르며, 둘째, 임의표본추출법 또는 판단표본추출법에 비해 대표성이 높다는 것을 들 수 있다. 반면 할당표본추출법의 **단점**은 첫째, 모집단 분류에 있어 분류자의 편견이 개입되기 쉽고, 둘째, 마지막 단계에서의 작위적 표본추출로 인해 오차개입 가능성이 높다.

7.3.3.2.4. 눈덩이표본추출법

눈덩이표본추출법은 첫 단계에서 연구자가 임의로 선정한 제한된 표본에 해당하는 사람들로부터 추천을 받아 다른 표본을 선정하고, 이 과정을 되풀이 함으로써, 마치 눈덩이를 굴리듯이 표본을 누적[6]해가는 표본추출법이다.

눈덩이표본추출법은 연구자가 특수한 모집단의 구성원을 전부 파악하고 있지 못할 때, 즉 표본추출프레임이 없을 때 적합한 방법으로써, 주로 탐색적 연구에서 이용된다.

눈덩이표본추출법은 지역사회조직에서의 의사소통 형태와 사회적 연결망이 확인할 수 있으며, 지역사회의 권력과 의사결정에 대한 연구 및 파악이 가능하다는 **장점**을 가진 반면, 일반화 가능성이 낮고, 계량화가 어려우며, 다른 표본추출법에 비해 연구자의 통제력이 약하다[7]는 **단점**이 있다.

6) 표본을 누적한다는 점에서 누적표본추출법이라고도 하며, 쉽게 생각하면 피라미드 판매를 연상하면 된다.

한편 확률표본추출법과 비확률본추출법을 비교하면 <표 7−2>와 같다.

〈표 7−2〉 **확률표본추출법과 비확률표본추출법의 비교**

확률표본추출	비확률표본추출
표본추출확률이 알려져 있을 때	표본추출확률이 알려져 있지 않을 때
무작위적 표본추출	작위적 표본추출
모수추정에 bias 없음	모수추정에 bias 있음
표본분석결과의 일반화 가능	표본분석결과의 일반화 제약
표본오차 추정 가능	표본오차 추정 불가능
시간과 비용 많이 소요	시간과 비용 적게 소요

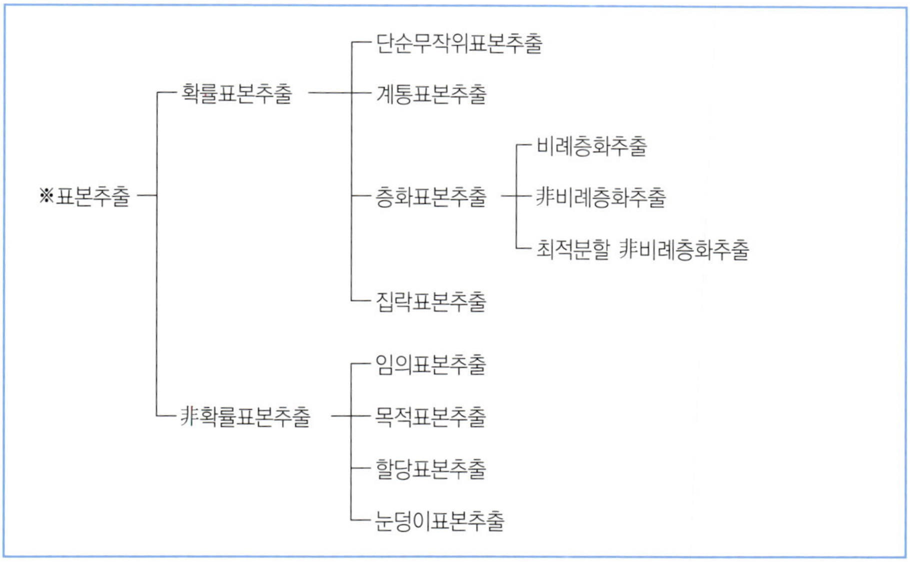

┃그림 7−1┃ **표본추출법의 구성체계**

7.3.4. 표본크기 결정

우리가 언론을 통해 선거여론조사를 접할 때 '이 조사는 95%신뢰수준에 ±3%의 오차가 있다'와 같은 발표를 마지막에 듣게 된다. 이 문장은 95%는 믿

7) 다른 표본추출법들은 연구자가 계획과 중단을 결정할 수 있으나, 눈덩이표본추출법에서는 소개 또는 추천을 받은 조사대상이 한사코 협조를 거부하거나, 다른 사람들의 소개 또는 추천을 완강히 거절할 경우 표본의 확보를 중단해야 한다.

을 수 있다고 전제할 수 있는 상황에서, ±3%만큼은 가변성이 있다는 이야기로 해석이 가능하다. 여기서 의미하는 ±3%는 최대허용 (표본)오차를 의미하는데, 표본크기의 결정에 중요한 역할을 한다. 최대허용오차는 추론통계학의 추정Estimation과 가설검정Hypothesis Testing에서 이용되는 기본 논리라고 할 수 있다.

한편 앞의 예에서 여론조사 결과를 추정하는데 있어 모집단의 지지비율과 추정된 표본의 지지비율 간에 완벽한 일치 $P=\hat{p}$야말로 가장 이상적인 조사결과라 할 수 있다. 그러나 현실에서는 두 비율 간의 완벽한 일치는 불가능에 가깝다. 그러므로 모집단 지지비율과 표본 지지비율 간에는 아래의 식과 같이 오차ε가 따라다니게 된다. 오차ε를 어떻게 하면 효과적으로 줄일 수 있을까 하는 것이 과제로 남게 되는 것이다.

$$P=\hat{p}\pm\varepsilon$$

ε은 아래의 식과 같이 바꾸어 표현될 수 있다. 여기서 p는 성공확률로써, 해당 사건이 발생될 수 있는 가능성을 의미한다. 대부분의 연구가 성공확률을 전혀 알지 못한다. 그러므로 중립점인 0.5를 사용한다.

$$\varepsilon = Z_{\frac{\alpha}{2}}\sqrt{\frac{p(1-p)}{n}}$$

또한 대부분의 연구에서는 최대허용오차 3%를 만족시켜줄 수 있다고 가정하게 되고, 95%의 신뢰구간을 갖는 연구로 전제하므로 상기 식에서 우리가 이미 알고 있는 값인 ε, p, $Z_{\frac{\alpha}{2}}$를 대입하면 다음과 같다.

$$0.03 = 1.96\sqrt{\frac{0.5(1-0.5)}{n}}$$

식에서 n을 계산하면 1,067.11가 된다. 즉, 1,068명의 케이스를 추출해낼 때 95%신뢰수준에 ±3%의 최대허용오차를 만족시켜줄 수 있다.

만일 조사된 표본의 크기를 알고 있으며, 최대허용오차를 구하고 싶을 때는 위 식에서 n의 값을 대입한 후 ε을 계산하면 된다.

통상적으로 표본의 크기를 구하는 계산식은 상술한 수식을 재정리하여 아래와 같이 표현한다.

$$n = p(1-p)\left(\frac{Z_{\frac{\alpha}{2}}}{\varepsilon}\right)^2$$

단, 최대허용오차는 표본의 크기가 크면 클수록 무한히 작아지므로 자칫하면 표본크기는 클수록 좋지 않겠는가 하는 오해를 일으킬 소지가 있다. 표본의 크기가 커지면 커질수록 비표본오차가 커지게 되므로 정확성이 높아지지 않는다. 또한 조사에 소요되는 시간과 비용도 증가된다. 그러므로 표본이 무조건 커야 하는 것은 절대적으로 아니다. 흔히 모집단의 일정 비율 이상을 표본으로 해야 하며, 표본이 크면 클수록 표본결과의 정밀도도 역시 높아진다고 오판하는 경우가 있으므로 주의해야 한다. 반대로 표본 수가 너무 작으면 표본오차가 커져 조사의 결과를 신뢰할 수 없게 된다. 따라서 항상 효율적인 조사가 될 수 있도록 가능한 예산과 시간의 범위를 고려해야 하며, 표본의 크기를 결정할 때는 모집단의 성격[8], 연구의 목적과 방법[9], 시간과 비용[10]을 적절히 고려해야 한다. 보편적으로 최대허용오차는 3~4% 전후로 주로 쓰이며, 이로 인한 표본의 크기는 대략 600명~1,070명 안팎이 된다.

7.3.5. 표본추출

상기 과정들을 거쳐 실제로 자료수집 대상이 되는 표본을 추출한다.

8) 모집단의 규모가 크면 상대적으로 표본의 크기도 크게 하는 것이 바람직하나 표본의 크기가 모집단의 크기에 비례하는 것은 아니다. 또한 모집단의 구성요소가 이질적인 경우에는 동질적인 경우에 비하여 그만큼 표본의 크기를 늘려야 한다. 극단적으로 모집단의 구성요소가 완전히 동질적이라면 하나의 사례로 전체 모집단을 대표할 수도 있기 때문이다.

9) 통계분석적 관점에서는 모수적 기법을 활용하기 위해 각 응답범주마다 최저 30사례는 확보되어야 하며, 일반적으로 사회조사기관에서 사용하는 표본추출오차의 한계는 최대 ±4.00%정도이나 정부에서 정기적으로 실시하여 정책에 반영하는 표본조사에서는 이보다 훨씬 적은 ±3.00%를 요구한다. 따라서 이를 만족하기 위한 적정 크기의 표본 수가 확보되어야 한다.

10) 표본의 크기가 증가하면 자료수집 및 처리에 투입되는 비용과 시간이 증가된다.

단원 연습문제 7

01 다음 진술 중 틀린 것은?

① 전수조사는 표본에 대한 전문적인 지식이 없을 때 사용한다.
② 전수조사는 모집단 전부를 조사하는 것이므로 오차가 발생하지 않는다.
③ 전수조사는 모집단으로부터 직접적으로 정보를 입수하는 것이다.
④ 모집단이 작은 경우는 전수조사가 좀더 정확한 결과를 얻을 수 있다.
⑤ 전수조사는 비표본오차가 개입된다.

02 표본조사가 전수조사에 비해 갖는 장점과 거리가 먼 것은?

① 비용을 절감할 수 있다.
② 비교적 신속하게 조사결과를 얻을 수 있다.
③ 주로 탐색적 방법에 이용될 수 있다.
④ 심도있는 조사가 가능하다.
⑤ 파괴조사 등 형질의 변경이 우려될 때 유리하다.

03 표본설계과정을 순서대로 올바로 나열한 것은?

가. 표본크기의 결정	나. 모집단의 확정
다. 표본추출방법의 결정	라. 표본프레임의 결정
마. 표본추출	

① 가 − 나 − 다 − 라 − 마
② 나 − 라 − 다 − 가 − 마
③ 다 − 나 − 가 − 라 − 마
④ 나 − 가 − 라 − 다 − 마
⑤ 다 − 라 − 나 − 가 − 마

04 모집단에 포함되어 있는 모든 조사단위에 일련의 번호를 부여한 명단으로써 표본추출에 활용되는 목록을 무엇이라고 하는가?

① 표본추출단위 ② 표본추출프레임 ③ 분석단위
④ 표본의 구성요소 ⑤ 모집단

05 이상적인 표본추출틀이 갖춰야 할 조건이 아닌 것은?

① 다단계 표본추출에서 각 단계마다의 표본추출틀은 동일해야 한다.
② 모집단을 잘 대표해야 한다.
③ 이중으로 포함되는 단위가 없어야 한다.
④ 표본추출단위를 모두 포함하고 있어야 한다.
⑤ 확보가 비교적 용이해야 한다.

06 표본추출에 대한 설명으로 틀린 것은?

① 비확률표본추출은 조사자의 주관이 개입될 여지가 많다.
② 확률표본추출은 표본추출틀 내에 있는 연구대상에 대한 정보를 가지고 있어야 한다.
③ 비확률표본추출은 표본으로 추출될 확률이 일정하지 않다.
④ 모집단에 대한 정보가 없는 경우는 확률표본추출이 적절하다.
⑤ 확률표본추출은 비확률표본추출에 비해 엄격하다.

07 확률표본추출에 대한 설명으로 틀린 것은?

① 표본오차의 추정이 가능하다.
② 표본분석결과의 일반화가 가능하다.
③ 모수 추정에 편의(bias)가 없다.
④ 시간과 비용이 적게 든다.
⑤ 연구자의 의도가 반영되지 않는다.

08 단순무작위 표본추출방법의 단점이 아닌 것은?

① 결과의 일반화가 어렵다.
② 보통 동일한 크기의 표본일 경우, 층화표본추출보다 표본오차가 크다.
③ 비교적 표본의 크기가 커야 한다.
④ 조사자가 모집단에 대하여 가지고 있는 지식을 충분히 활용할 수 없다.
⑤ 시간과 비용 면에서 경제성이 다소 떨어진다.

09 모집단의 구성요소가 일정한 주기성 없이 배열되어 있다는 전제에서 일정한 간격을 두고 표본을 추출하는 방법은 무엇인가?

① 무작위표본추출
② 계통표본추출
③ 층화표본추출
④ 집락표본추출
⑤ 할당표본추출

10 각 반이 50명씩 20개 반으로 구성된 고등학교 3학년 학생들 1,000명에 대하여 학원폭력실태에 대한 설문조사를 하고자 한다. 표본의 크기가 100명이고, 각 반에서 매 3, 13, 23, 33, 43번으로 5명씩 추출하였다. 이때 사용된 표본추출방법을 맞게 짝지은 것은?

① 층화표본추출과 계통표본추출
② 단순무작위표본추출과 계통표본추출
③ 층화표본추출과 집락표본추출
④ 계통표본추출과 집락표본추출
⑤ 집락표본추출과 단순무작위표본추출

11 집락표본추출과 층화표본추출에 대한 설명으로 틀린 것은?

① 두 방법 모두 모집단을 몇 개의 하위집단으로 나눈다.
② 두 방법 모두 확률표본추출에 해당한다.
③ 층화표본추출에서 표본추출대상은 각 구성요소이나, 집락표본추출에서는 하위집단이다.

④ 층화표본추출은 집단 내 구성요소는 동질적이지만 집단 간에는 이질적이다.

⑤ 집락표본추출은 집단 내 구성요소는 동질적이지만 집단 간에는 이질적이다.

12 **다음 중 확률표본추출법에 해당되는 것으로만 묶은 것은?**

가. 단순무작위표본추출	나. 임의표본추출
다. 층화표본추출	라. 할당표본추출

① 가, 나, 다　② 가, 다　③ 나, 다
④ 라　⑤ 가, 나, 다, 라

13 **다음 중 비확률표본추출방법이 아닌 것은?**

① 임의표본추출　② 판단표본추출　③ 집락표본추출
④ 할당표본추출　⑤ 누적표본추출

14 **확률표본추출의 층화추출법과 비확률표본추출의 할당표본추출법은 거의 유사한 방법이다. 두 방법의 결정적인 차이가 되는 것은 무엇인가?**

① 마지막 추출과정에서 단순무작위추출법과 임의표본추출법의 사용 여부

② 동질한 성격을 지닌 층으로 분류하는 과정에서 작위적인지 작위적이지 않은지 여부

③ 모집단의 크기에 비례하는지 비례하지 않는지 여부

④ 모집단의 속성을 알고 있는지 그렇지 않은지 여부

⑤ 조사비용과 조사원의 동원이 여유로운지 그렇지 않은지 여부

15 **판단표본추출에 대한 설명으로 틀린 것은?**

① 자칫하면 연구자에게 유리한 응답을 할 대상만 뽑는 등 악용의 여지가 있다.
② 목적표본추출이라고도 한다.
③ 연구자가 모집단 및 그 구성요소에 대한 풍부한 사전 지식이 있을 때 유용하다.
④ 연구자의 주관적 판단이 중요한 기준이 되는 표본추출방법이다.
⑤ 연구자가 쉽게 이용가능한 대상들을 표본으로 선택하는 방법이다.

16 **연구자가 임의로 선정한 제한된 표본에 해당하는 사람으로부터 추천을 받아 다른 표본을 선정하는 방법을 되풀이하는 표본추출방법은 무엇인가?**

① 계통적 표본추출 ② 판단표본추출
③ 할당표본추출 ④ 층화표본추출
⑤ 눈덩이표본추출

17 **계량적인 조사보다는 심층적인 질적 조사에 적합한 방법으로써, 조사대상들의 연결망과 의사소통의 흐름을 파악하기 좋은 표본추출방법은 무엇인가?**

① 누적표본추출 ② 단순무작위표본추출
③ 판단표본추출 ④ 집락표본추출
⑤ 할당표본추출

18 **표본추출 시 표본크기를 결정할 때 고려해야 할 사항이 아닌 것은?**

① 모집단의 성격 ② 연구의 목적과 방법
③ 표본프레임 ④ 시간과 비용
⑤ 모집단의 동질성

19 **표본의 크기에 대한 진술 중 옳은 것은?**

① 표본의 크기는 크면 클수록 좋다.
② 표본의 크기는 오차와 관계가 없다.
③ 표본의 크기가 커지면 표본오차가 늘어난다.
④ 표본오차는 표본의 크기가 커지면 줄어든다.
⑤ 모집단의 10% 이상을 표본으로 선정해야 대표성이 확보된다.

20 **어떤 여론조사에서 유권자 600명을 대상으로 조사한 결과 A후보에 대한 지지율이 30%였으며, 95% 신뢰수준에서 허용오차는 ±4.0%로 나타났다. 허용오차를 2.0%로 줄이기 위해서는 어떻게 해야 하겠는가?**

① 표본추출오차는 표본의 크기와 관련이 없으므로 방법이 없다.
② 동일한 측정도구로 재조사를 실시하면 오차가 줄어든다.
③ 표본의 크기를 300명으로 줄이면 된다.
④ 표본의 크기를 2,400명으로 늘린다.
⑤ 다른 대상을 표본으로 선정한다.

21 **미성년자의 성매매와 관련한 조사를 실시하고자 한다. 이때 적절한 표본추출 방법과 그 이유는 무엇인가?**

22 표본추출틀(sample frame)에 대해 설명하고, 표본추출오차가 생기는 경우와 발생 억제방법을 논하라.

23 층화표본추출법의 특징 다섯 가지를 기술하라.

24 확률표본추출의 의미를 비확률 표본추출과 비교하여 서술하고 또한 확률표본추출의 장점을 서술하여라.

25 집락표본추출의 추출방법을 예를 들어 설명하고, 장 · 단점을 기술하여라.

26 층화표집과 집락표집을 비교하여 설명하여라.

27 할당표본추출에 대하여 설명하고 한계점에 대해서 약술하여라.

chapter 08

질문지 작성

08 질문지설문지 작성

질문지설문지를 이용한 자료수집, 즉 **질문지법**은 광의와 협의로 나누어 살펴볼 필요가 있다. 광의의 질문지법은 사전에 작성된 질문지를 이용하는 경우라면 면접법과 관찰법도 포함[1)]시키는 개념인 반면, 협의의 관점에서는 사전에 인쇄된 질문지에 조사대상자가 응답을 직접 기입하는 자기기입식 방법만을 뜻하므로 면접법과 관찰법은 제외된다. 본 서書는 질문지법을 협의적인 관점으로 전제하여 본 단원과 다음 단원인 **9. 자료수집**을 설명하고자 한다.

8.1. 질문지설문지 이용의 장 · 단점

8.1.1. 질문지 이용의 장점

조사연구에서 질문지를 이용하여 자료를 수집하는 것의 장점은 다음과 같이 생각해볼 수 있다. 첫째, 면접이나 관찰로 자료를 수집하는 것에 비해 큰 표본에도 적용이 용이하며, 상대적인 비용 역시 적게 소요된다. 둘째, 표준화된 질문지를 이용함으로써 결과의 비교 가능성을 높일 수 있다. 셋째, 빠른 시간에 핵심적인 정보만을 선별하여 입수할 수 있다. 넷째, 응답자 스스로 작성할 수 있는 기회를 부여하므로 비교적 객관적이고, 솔직하며, 정확한 정보를 입수할 수 있다. 다섯째, 면접 및 관찰에서 발생할 수 있는 면접자 및 관찰자

1) 표준화 면접에서 면접 조사표interview schedule, 구조화 관찰에서 관찰표observation schedule를 이용하는 경우를 의미한다.

의 편견과 편의bias의 개입이 없다. 여섯째, 질문지를 통해서만 접근이 가능한 응답자들이 있기 때문에 면접 및 관찰에 비해 조사대상에게 접근이 용이하다.

8.1.2. 질문지 이용의 단점

질문지를 이용하는 경우의 가장 큰 문제점은 면접이나 관찰과 달리 무응답률의 문제가 발생한다는 것이다. 응답률이 예상 이외로 낮은 경우, 재조사를 실시하는 등 시간과 비용이 증대되며 나아가 연구 자체가 지연되기도 한다. 또한 면접이나 관찰과는 달리 연구자 혹은 조사자가 주도권을 가지고 조사대상을 통제할 수 없다. 더불어 배부의 형태를 띠는 배포조사 및 우편조사와 같이 대면식 조사가 아닌 경우는 실제 조사대상이 응답했는지 파악이 불가능하다.

8.2. 질문내용의 분류

설문, 즉 질문의 내용은 학자에 따라 다소 다르게 분류하고 있다. Selltiz, Wrightman, Cook(1976)은 사실을 파악하기 위한 질문, 사실에 대한 믿음을 확인하는 질문, 감정 또는 느낌에 대한 질문, 행위의 표준에 관한 질문, 현재 또는 과거의 행위에 관한 질문, 믿음이나 감정, 행동, 방침에 관한 이유를 묻는 질문의 여섯 가지로 분류하였다. 또한 Nachmias와 Nachmias(1987)는 사실에 대한 질문, 행동에 대한 질문, 지식 및 정보에 대한 질문, 의견 및 태도에 대한 질문의 네 가지 차원으로 분류한 바 있다[2].

8.2.1. 사실에 대한 질문

응답자의 성별, 연령, 가구형태 및 구성인원, 결혼상태 등의 인구학적 특성

2) 본 서는 Nachmias와 Nachmias의 분류체계를 따른다.

과 소득수준, 교육수준, 경력, 직업 등의 경제적 특성 등 응답자의 배경이나 환경 등에 대한 정보를 얻기 위한 질문이 해당된다.

8.2.2. 행동에 대한 질문

응답자의 현재나 과거의 행위 또는 행동을 질의하는 내용으로써 이를 통해 응답자의 행동을 예측하려는 목적을 지닌다. 가령 영화사에서 자신들의 신작 영화를 홍보하기 위한 시사회를 개최하면서 이전에도 시사회에 참여한 적이 있는지, 있다면 몇 번이나 참여했었는지 등을 조사하는 것이다.

8.2.3. 지식 및 정보에 대한 질문

응답자가 알고 있는 지식이나 정보의 양과 정확성을 파악하기 위한 질문이다. 이 질문들은 해당 이슈를 알지 못하면 응답할 수 없으므로 한정적인 성격이 있다. 예를 들면, 특정 교육이나 프로그램에 참여한 대상자들에게 전달된 내용의 숙달도를 질의한다든지, 특정 정책이나 아젠다에 대한 관심과 이해도를 측정하는 형태이다.

8.2.4. 의견 및 태도에 대한 질문

개개인의 사고나 생각이 태도라 한다면 이를 언어나 문자로 표현한 것이 의견이라 할 수 있다. 의견은 보편적으로 찬성/ 반대의 형태로 질의되어 각각의 비율 산정으로 처리되지만, 태도는 점수처리된 강도, 찬성/ 중립/ 반대와 같은 방향 등 다양하게 측정이 가능하다. 의견 및 태도에 대한 질문은 사실에 대한 질문과 달리 질문순서나 문장형태 등에 영향을 많이 받기 때문에 신뢰도와 타당도의 문제가 많이 지적되며, 구성 또한 쉽지 않다. 따라서 여러 문항으로 측정을 시도하는 것이 바람직하다.

8.3. 질문의 형태

8.3.1. 개방형 질문

개방형 질문은 주관식·서술형의 형태로써 응답자로 하여금 제공된 공간에 자신의 응답을 직접적으로 쓰도록 한다. 정해진 응답범주가 없으므로 응답자들은 주어진 범위 내에서 응답할 것을 강요받지 않고 충분한 자기표현의 기회를 제공받게 된다. 따라서 응답자로 하여금 자신의 내면을 솔직하고 상세하게 진술할 수 있게 하기 때문에 사실적이고 현장감 있는 응답을 획득할 가능성을 높일 수 있다. 이로 인해 연구자들은 기대하지 못했던 뜻밖의 응답을 얻을 수 있다.

반면 개방형 질문은 응답자에게 많은 부담을 주는 것이 사실이며, 이로 인해 무응답률이 높은 편이다. 더불어 표현능력이 부족한 응답자에게 적용하기 어렵고, 응답에 시간이 많이 소비된다. 또한 응답내용에 대한 분류와 수치화와 관련하여 노력과 시간이 많이 소요되며, 자료처리 및 코딩이 어렵고 부호화 과정에서 연구자의 편견과 주관이 많이 개입될 여지가 있다는 단점을 지닌다.

8.3.2. 폐쇄형 질문

폐쇄형 질문은 객관식으로써 응답내용을 범주화하여 보기로 제공하고 응답자가 그 중에서 한 가지를 선택하게 하는 형태이다. 폐쇄형 질문은 응답할 수 있는 모든 상황을 포괄적으로 반영[3]하고 있어야 하며, 응답범주들끼리 서로 중복되지 않아야 한다[4].

폐쇄형 질문은 응답이 간편하고 쉬우며 응답의 시간을 줄일 수 있기 때문에 응답자들의 협조를 쉽게 구할 수 있고 그만큼 무응답률도 낮출 수 있으며, 통계분석을 위한 집계 및 부호화가 용이하다는 장점이 있다. 그러나 응답자

3) 총망라성 혹은 포괄성의 원칙

4) 상호배타성

가 질문을 진지하게 생각하지 않고 적당히 아무 것이나 응답할 수 있으며, 자신의 내면을 자세하고 솔직하게 피력할 수 있는 기회를 제공하지 못하므로 새로운 정보나 사실을 획득하기가 용이하지 않다. 또한 질문들을 만드는 데 비용과 시간이 많이 소요되는 것은 물론이며 연구자가 질문내용과 응답범위에 대한 충분한 지식과 정보가 있어야 한다. 더불어 응답범주에 응답자의 의도 및 상태, 의견을 충분히 반영하기 쉽지 않다. 폐쇄형 질문은 취하는 형식에 따라 다음의 몇 가지로 나누어 살펴볼 수 있다.

8.3.2.1. 이분형 및 찬부형

이분형 질문은 응답범주를 '예'와 '아니요'의 이분二分 형태로 제공한다. 주로 응답자의 의견을 살펴볼 때 이용되며, 여과형filtering 질문[5]으로 활용되기도 하는데, 이때는 부수적 질문이 뒤따르면서 태도 혹은 추가적인 정보를 함께 측정할 수 있다. 찬부형 질문은 이분형 질문과 같이 양 극단적인 응답범주를 가졌으나, '찬성'과 '반대'의 형태를 보인다. 이분형 질문과 마찬가지로 여과형태로 응용할 수 있다.

〈표 8-1〉 **이분형 및 찬부형 질문의 예**

※ 이분형 질문 예

예) 1. 귀하는 지난 1년간 교육 프로그램에 참여한 적이 있습니까? (　　)

① 예　　　　② 아니요

※ 여과형태의 이분형 질문 예

예) 1. 귀하는 지난 1년간 직무교육에 참여한 적이 있습니까? (　　)

① 예(1-1.로 가시오)　　　　② 아니요(2.로 가시오)

1-1. 참여했던 교육 프로그램은 무엇입니까? (　　)

① 행정관리　　　　② 대인상담기술

③ 통계분석　　　　④ 회계 및 인사관리

⑤ 기타 (　　　　　　　　)

5) 뒤따르는 부수적 질문에 응답을 하게 할 것인지, 다른 문항으로 걸러낼 것인지를 지시할 것인지로 구성된 질문형태이다. 가령 '예'를 응답한 사람은 뒤따르는 예속문항에, '아니요'를 응답한 사람은 다른 문항으로 가기를 지시하는 것이다.

※ 찬부형 질문 예
예) 귀하는 현 정부의 대북정책에 대해 어떻게 생각하십니까? (　　)
① 찬성　　② 반대

8.3.2.2. 선다형 및 체크리스트형

선다형은 주어진 여러 개보통 3~7개의 응답범주에서 해당되는 응답을 선택하도록 하는 질문형태이다. 응답범주는 가능한 한 논리적으로 내용을 총망라하여야 하며 이들 간에 상호 배타성이 있어야 한다. 질문에 있어서 문장이나, 문장 구절은 하나만 선택하게 하는 경우가 대부분이지만 경우에 따라서는 하나 이상을 선택하게 하기도 한다. 여러 개를 선택하게 할 경우 체크리스트형 질문이라고 할 수 있다.

〈표 8-2〉 **선다형 및 체크리스트형 질문의 예**

※ 선다형 질문 예
1. 다음 중 귀하가 관심이 있는 사회복지분야는 무엇입니까? (　　)
① 여성복지　　② 가족복지　　③ 아동·청소년복지
④ 노인복지　　⑤ 장애인복지　　⑥ 재가복지

※ 체크리스트형 질문 예(1)
1. 다음 중 귀하가 관심이 있는 사회복지분야를 모두 선택하십시오.
☐ 여성복지　　☐ 가족복지　　☐ 아동·청소년복지
☐ 노인복지　　☐ 장애인복지　　☐ 재가복지

※ 체크리스트형 질문 예(2)
1. 귀하가 직장을 선택할 때 중요하게 고려하는 것을 우선 순위에 따라 두 가지만 선택하시오
(1순위 :　　　, 2순위 :　　　).
① 임금수준복리후생제도　　② 출·퇴근 거리　　③ 모집형태(정규/ 비정규)
④ 사회적 인지수준　　⑤ 근무시간　　⑥ 직장규모

8.3.2.3. 서열형

서열형 질문은 여러 비교대상의 상대적 순서를 정하는데 유용하다. 서열형 질문을 활용할 경우, 정확한 수치나 서열 간 거리는 알 수 없으나, 주어진 응답범주에 대해 응답자의 태도 및 인식수준의 서열정보를 얻을 수 있다.

〈표 8-3〉 **서열형 질문의 예**

※ 서열형 질문 예
1. 다음 사항은 직장 선택에서 고려해야 할 사항들입니다. 귀하의 입장에서 판단하는 중요도에 따라 순서대로 1부터 6까지 순서를 부여하시오.
(, , , , ,)
① 임금수준복리후생제도 ② 출·퇴근 거리 ③ 모집형태(정규/ 비정규)
④ 사회적 인지수준 ⑤ 근무시간 ⑥ 직장규모

8.3.2.4. 고정총합형

고정총합형 질문은 서열형 질문의 변형이다. 이는 응답자에게 고정된 수치 보통 100점 내지는 100%를 부여하고, 이 수치 내에서 주어진 각각의 응답범주마다 주관적 점수 내지는 비율을 배정하게 하는 방법이다. 보통 각 응답범주마다 부여된 응답자들의 점수를 평균하여 비교하는 식으로 활용된다.

〈표 8-4〉 **고정총합형 질문의 예**

※ 고정총합형 질문 예
1. 다음 사항은 직장 선택에서 고려해야 할 사항들입니다. 귀하의 입장에서 중요도에 점수를 부여하되, 총합은 100점이 되도록 조정해 주시기 바랍니다. 고려하지 않는 사항은 0점을 배정하실 수 있습니다.

① 임금수준복리후생제도	( )점
② 출·퇴근 거리	( )점
③ 모집형태(정규/ 비정규)	( )점
④ 사회적 인지수준	( )점
⑤ 근무시간	( )점
⑥ 직장규모	( )점
총합	100점

8.3.2.5. 평정형

평정형 질문은 연속성을 가진 내용으로 구성된 선다형 질문의 형태이다. 응답범주에 긍정으로부터 부정 또는 좋은 것으로부터 나쁜 것으로의 논리적 흐름이 존재한다. 응답자가 응답한 응답의 총합을 산정하여 태도를 측정한다. 대표적인 예로는 리커트 척도[6]가 있다.

〈표 8-5〉 **평정형 질문의 예**

※ 평정형 질문 예

1. 현재 귀하께서 담당하고 있는 업무에 대한 만족도는 어느 정도 수준인지 다음에 표시해 주시기 바랍니다.

1 ——— 2 ——— 3 ——— 4 ——— 5

(부정) (긍정)

8.3.2.6. 행렬matrix형

행렬형 질문은 동일한 응답범주를 사용할 수 있는 여러 개의 질문문항들을 체계적으로 한데 묶어서 하나의 질문세트를 만든 형태로써, 평정형 질문을 응용한 것이다. 때에 따라서는 선다형 질문을 표로 엮기도 하는데, 보편적으로 리커트 척도를 이용할 때 많이 쓰인다. 행렬형 질문은 지면을 경제적으로 활용할 수 있고, 신속한 응답이 기대할 수 있는 장점이 있으나, 유사하게 응답하려는 경향이 나타나거나, 문항에 대해 심사숙고를 하지 않고 기계적으로 응답을 해버릴 우려가 있다.

〈표 8-6〉 **행렬형 질문의 예**

※ 행렬형 질문 예

1. 다음은 직무만족도 관련사항입니다. 각각에 대해 만족하는 수준을 해당되는 사항에 ✓를 해주시기 바랍니다.

문 항	매우 만족	만 족	보 통	불만족	전혀 불만족
1) 현재 보수수준에 대해 만족하십니까?					
2) 동료관계에 대해 만족하십니까?					
3) 상사와의 관계에 대해 만족하십니까?					
4) 후생복지수준에 대해 만족하십니까?					
5) 승진기회에 대해 만족하십니까?					

6) 리커트 척도는 달리 총화평정척도summated rating scale라고도 한다.

8.4. 질문의 배열

가급적이면 질문의 처음은 간단하고 흥미 있으며 응답자가 편하게 응답할 수 있는 쉬운 질문을 배치하는 것이 좋다. 의견이나 태도보다는 사실에 대한 질문이 위치하는 것이 좋으며, 깊은 생각이 필요없는 질문을 위치시키는 것이 바람직하다.

심각하게 고려하여 응답해야 하는 성질의 질문과 개방형은 적당히 분산시켜 배열하되 가급적 뒤에 위치시키는 것이 좋다. 초반부터 고민거리나 민감한 사항을 제공하면 응답자들은 문항을 회피하거나 설문조사 참여 자체를 중단하는 경우가 발생한다. 이런 맥락에서 인적사항 등 개인적인 질문 역시 가급적 나중에 배치하는 것이 좋다. 그러나 반드시 원칙적이지는 않다. 탐색적 연구나 흥미 혹은 관심을 알아보는 간단한 조사에서는 인적사항이 서두에 등장하기도 한다.

질문의 순서는 논리적인 질서가 있어야 한다. 과거에서 현재로, 구체적인 것에서 추상적인 것으로, 친숙한 것에서 생소한 것으로, 객관적인 것에서 주관적인 것으로, 일반적인 것에서 특수한 것으로의 논리적・시간적 흐름이 있어야 한다.

신뢰도를 측정하기 위해 유사질문을 포함하는 경우가 있다. 이때 유사질문끼리 나란히 배치하면 응답자들은 동일하게 응답하려는 패턴을 보인다. 그러므로 유사질문은 가급적이면 간격을 멀리 배치하는 것이 좋다.

일정한 응답패턴이 보이지 않는 것이 좋다. 특히 행렬형 질문에서 주의해야 한다. 문항배열이 많아지면 응답패턴을 보이기 쉬우므로 너무 많은 문항을 하나의 행렬로 엮는 것은 좋지 않다. 또한 행렬형 질문에서는 중간중간 역환산 문항[7]을 배정하는 것도 하나의 방법이라고 할 수 있다.

질문을 배열할 때는 보편적으로 깔대기식(▽) 배열방식을 취한다. 깔대기식에서 질문들은 연속적으로 앞의 질문과 관련되어 있으면서 차츰 그 범위를

7) 긍정적인 질문형태들 가운데 몇 문항을 부정적인 질문 형태로 배치시키는 것을 뜻한다. 일정한 응답패턴 형성을 막아도 줄 수 있지만, 응답자들이 문항을 꼼꼼히 읽고 응답했는지도 파악할 수 있다.

좁혀 나간다. 조사의 목적이 자세한 정보를 얻는 것이고, 응답자들이 충분한 동기를 가지고 있을 때 사용하면 효과적이다. 경우에 따라 역깔대기형(△)으로 질문을 배열할 수도 있다. 이는 개별적이거나 구체적인 질문을 먼저 배열한 후 광범위거나 포괄적인 질문을 나중에 위치시키는 방식으로써, 주제가 응답자들에게 별로 중요하지 않거나 기억이 명확하지 않을 때 주로 활용된다. 역깔대기형 배열방식을 선택했다면 응답자들이 대답하기 쉬운 개별적인 질문부터 시작하여 대답하기 힘든 전반적인 질문은 나중에 하는 것이 좋다.

8.5. 질문의 원칙

질문은 다음의 몇 가지 원칙을 준수하여 작성되어야 한다. 첫째, **가치중립성** Value Neutrality이다. 연구자의 편견이 개입된 질문은 해서는 안 되며, 조사자의 가치가 개입되지 않도록 양 측면의 내용을 모두 제공해야 한다. 예를 들어, '우리 나라 대학생들의 가두시위가 사회질서를 혼란하게 만드는데 얼마나 영향이 있다고 생각하십니까?'라는 질문이 있다고 해보자. 이 질문에서는 대학생들의 가두시위는 사회질서를 혼란하게 만든다는 부정적인 가치가 내재되어 있다. '우리 나라 대학생들의 가두시위가 사회질서를 혼란하게 만든다는 입장과 민주화를 앞당긴다는 두 가지 시각이 있는데 어느 쪽이십니까?'와 같이 중립적으로 질의하는 것이 바람직하다. 둘째, 특정 대답을 암시하거나 유도하는 질문은 삼가야 한다. 예를 들어, '귀하는 이번 시장선거에서 현재 시장인 홍길동 후보에게 투표하실 생각이십니까?'라는 질문의 경우, 현재 시장이 홍길동이라는 정보를 제공하고 있다. 응답자들에게 현재 시장에게 투표하기를 은연중에 종용하고 있다. 이는 '귀하는 이번 선거에 어느 후보에게 투표하실 생각이십니까?'와 같이 질의되는 것이 좋다. 셋째, **균형성**balance을 지켜야 한다. 이는 상반된 의견을 묻는 경우 어느 한쪽으로 치우치지 않도록 같은 비중을 주어야 함을 의미한다. '총기 구입 시 경찰에게 사전에 허락을 받도록 하는 법안에 동의하십니까?'라는 질문은 '총기 구입 시 경찰에게 사전에 허락을 받도록 하는 법안에 동의하십니까? 혹은 그러한 법안은 시민들의 권리를 너무 제한하는 것이라고 생각하십니까?'와 같은 형태를 취해야 한다. 넷째, 응답범주 간의 거리가 동일해야 하며, 상반되는 응답 간 균형이 유지되어야 한다. 태도를 측정하면서 매우 긍정, 다소 긍정, 긍정, 보통, 부정, 매우 부정과 같이 긍정과 부정의 응답범주 개수가 다르거나 깊이가 상이하면 좋지 않다. 다섯째, 기본적으로 **상호배타성**mutual exclusivity 및 **총망라성**exhaustive, 포괄성이 지켜져야 한다. 가령 '귀하의 소득은 얼마입니까'라는 질문에서 응답범주로 ① 100만 원 이하, ② 100만 원 이상 200만 원 이하, ③ 200만 원 이상 300만 원 이하, ④ 300만 원 이상 400만 원 이하의 네 가지가 주어졌다고 생각해 보자. 만일 소득이 200만 원인 사람은 ②와 ③ 모두 해당된다. 상호배타성이 위배되었기 때문이다. 또한 소득이 400만 원인 사람 역시 응답할 곳이 없다. 총망라성이 지켜지지 않은 것이다. 여섯째, **간결성**parsimony이 충족되어야 한다. 질문은 간결해야 하며, 가급적이면 부연설명이나 단어의 중복된 사용은 피하는 것이 좋다. 일곱째, **명확성**clarification이다. 묻는 내용의 뜻이 애매모호하거나 상이한 해석의 여지가 있는 단어 사용은 피한다. 여덟째, 하나의 항목에는 하나의 내용을 포함해야 한다. 쌍열가설[8]의 형태를 취하면 안 된다는 것이다. 하나의 항목으로 두 가지 내용을 질의하는 경우, 둘 중 한 가지만 만족하는 응답자들은 정확한 응답을 할 수 없다. 예를 들어, '귀하는 현 직장의 후생복리수준과 임금수준에 대해 만족하십니까?'라고 질의된다면, 후생복리수준에는 만족하지만 임금수준에는 불만족하는 사례와 후생복지수준에는 불만족하지만 임금수준에는 만족하는 사례는 응답할 수 없다. 따라서 '귀하는 현 직장의 후생복리수준에 대해 만족하십니까?'와 '귀하는 현 직장의 임금수준에 대해 만족하십니까?'의 두 문항으로 나누어 질의되어야 한다. 아홉째, 적당한 선에서 타협해야 한다. 간

8) **쌍열가설**double barreled이란, 두 개의 가설을 하나의 가설에 포함시킴으로써 하나의 가설은 수용될 수 있으나, 다른 하나는 수용될 수 없는 모순된 경우가 발생될 수 있는 가설을 의미한다. 가령 '경제적으로 부유하고 건강한 노인은 상대적으로 노후생활 만족도가 높을 것이다'는 두 가지 가치가 내재되어 있다. 경제적으로 부유하지만 건강하지 않은 노인과, 경제적으로 부유하지 못하지만 건강한 노인은 본 가설에서 수용할 수 없다. 본 가설은 '경제적으로 부유한 노인은 상대적으로 노후생활 만족도가 높을 것이다'와 '건강한 노인은 상대적으로 노후생활 만족도가 높을 것이다'로 양분되어야 한다.

혹 정확하고 자세한 정보를 얻어내기 위해 항목을 지나치게 세세하게 구성하고는 한다. 그러나 응답자들로부터 얻어낼 수 있는 정보의 정확도는 한계가 있다. 다음의 질문을 살펴보자. 자동차 관련 지출비용에 대해 상세하게 질의되고 있다. 그러나 많은 운전자들이 지출내역을 이와 같이 자세하고 꼼꼼하게 기억하기는 쉽지 않다. 지나치게 자세한 응답을 요구하고 있기에 결국 응답자들은 응답을 회피하거나 부정확한 응답을 기입하게 된다.

※ 귀하의 지난 1년간 자동차 관련 지출비용을 기입해 주시기 바랍니다.

– 엔진오일	______회	________원
– 미션오일	______회	________원
– 와이퍼교체	______회	________원
– 브레이크 패드 및 라이닝 교체	______회	________원
– 부동액 보충	______회	________원
– 주유	______회	________원
⋮		
– 총 비용	______회	________원

열째, 가급적 쉬운 단어를 사용하고, 가정적·복합적·규범적인 질문은 피하는 것이 좋으며, 정중한 질문을 구성해야 한다.

8.6. 질문지 작성절차

질문지 작성은 여덟 단계에 의해 이루어진다. 첫째, **필요한 정보를 규명한다.** 가설검증을 위하여 측정해야 할 개념변수이나 현상의 서술을 위해 필요한 속성들을 규명한다. 둘째, **자료수집방법을 결정한다.** 어떤 자료수집방법을 이용할 것인가를 결정해야만 설문지의 형식, 양, 표현방식 등을 결정할 수 있다. 셋째, **설문문항 내용을 결정한다.** 필요한 개념변수을 측정하기 위해서 어떠한 내용의 문항이 포함되어야 할 것인지를 결정해야 한다. 예를 들어, 직무만족이라는 개념을 측정하고자 할 때, 직무만족에 대한 구체적인 내용으로는 업무의 양에 대한 내용, 책임감에 대한 내용 등을 생각할 수 있다. 넷째, **질문형식을 결정한다**. 내용이 결정되면 응답형식을 개방형으로 할 것인지 폐쇄형으로 할 것인지 및 어떤 질문형태를 취할 것인지를 결정해야 한다. 다섯째, **문항을 표현한다**. 문항은 명확하게 표현되어야 하며, 편향되거나 유도적인 성향을 보이면 안 된다. 여섯째, **문항의 순서를 배열한다**. 깔대기식과 역깔대기식 중 어떤 배열을 활용할 것인지 정해졌다면, 이에 맞게 문항순서를 조정한다. 또한 개방형 질문과 심각하게 고려하여 응답해야 하는 성질의 질문은 적당히 분산시켜 배열한다. 일곱째, **사전검사pre-test를 실시한다**. 최종 설문을 완성하기 전에 소규모의 사전검사[9]를 실시하여 잘못된 문항을 수정하거나, 삭제, 추가, 순서의 교정을 한다. 이때 각종 지시문[10]은 물론이고 설문지 표지[11]까지 다시 한 번 점검한다. 여덟째, **최종 확정 및 설문지를 인쇄한다.** 설문지의 외형 역시 매우 중요하다. 따라서 인쇄방식, 설문지의 크기, 제본방식, 페이지 수, 설문지 인쇄부수[12]를 적절히 결정해야 한다. 이상의 요소들이 응답자의 호응도와 응답률, 성의있는 응답에 상당한 영향을 미치므로 사전에 충분한 검토가 필요하다.

9) 사전검사에서 관심을 두어야 할 사항으로는 첫째, 사전검사에 참여한 응답자들이 모집단을 대표할 수 있는가, 둘째, 연구자의 의도하는 내용이 응답자에게 충분히 전달되고 있는가, 셋째, 응답항목이 빠져있지는 않은가, 넷째, 연구자가 사용하고 있는 용어들이 응답자에게 생소하지는 않은가, 다섯째, 응답을 회피하는 문항은 없는가, 여섯째, 각종 지시문은 적절한가 등이다.

10) 사전검사에서 검토되어야 할 지시문으로는 대표적으로 세 가지 정도를 들 수 있겠는데, 먼저 전반적 지시문general instruction이다. 이는 응답에 관련된 일반적 사항으로써 설문 전반에 걸쳐서 준수해야 할 사항이다. 설문의 맨 앞에 기술하며 다중택일형일 경우에는 선택표기 기호와 방법, 개방형일 때는 단어 수 등을 제한하는 것과 같은 응답요령과 주의사항에 대해 간단히 설명하는 역할을 수행한다. 다음으로는, 구체적 지시문specific instruction이다. 문항별 응답요령을 자세히 제시한 지시문을 말한다. 마지막으로, 면접자 지시사항interviewer instruction이 해당된다. 면접법으로 자료수집을 할 경우, 면접자들 간의 행위 및 태도의 일관성을 확보하기 위해 각 설문문항에 구체적인 행동 지시사항을 설명하는 것이다.

11) 보통 설문지의 구성은 '연구제목 → 인사말 → 조사자와 조사기관 소개 → 설문조사의 취지와 목적 명시 → 응답자의 비밀보장과 익명성 보장에 관한 내용 → 설문응답에 대한 협조요청 및 마무리 인사말 → 조사자 및 조사기관 신상과 연락처'의 순으로 구성된다.

12) 보통 +10% 정도를 권장하나, 실제로 조사를 수행하다 보면 10%는 다소 과한 감이 있다.

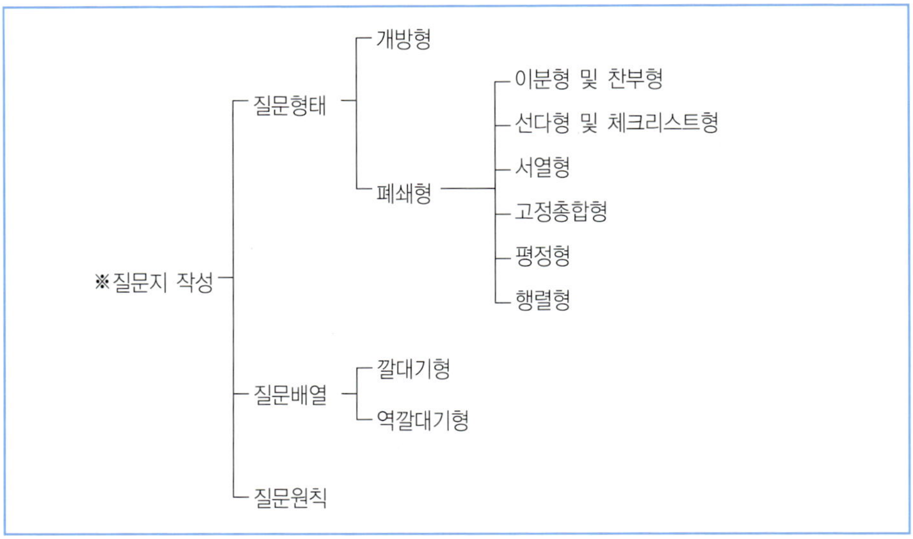

그림 8-1 질문지 작성의 구성체계

단원 연습문제 8

01 특정 연구에 대한 사전 지식이 부족할 때 주로 활용되는 형태로써, 정해진 응답범주가 없이 응답자가 자유롭게 답변하도록 하는 질문방법은?

① 개방형 질문 ② 찬부형 질문 ③ 선다형 질문
④ 서열형 질문 ⑤ 폐쇄형 질문

02 다음 질문은 어떤 형식에 해당하는가?

> 직원 채용에서 장애인에게 가산점을 주는 것에 대하여 어떻게 생각하십니까?
> ① 찬성( ) ② 반대( )

① 서열형 질문 ② 평정형 질문 ③ 선다형 질문
④ 선택형 질문 ⑤ 찬부형 질문

03 다음 중 선다형 질문에 대한 설명으로 틀린 것은?

① 응답범주는 총망라성을 준수해야 한다.
② 포괄성을 지켜 응답범주가 구성되어야 한다.
③ 각 응답 카테고리 간에는 상호배타적인 성격을 지녀야 한다.
④ 필요에 따라 기타 항목을 만들 수도 있다.
⑤ 항목에 대한 복수선택은 허용하지 않는다.

04 다음과 같은 형태의 질문방식을 무엇이라고 하는가?

> 다음의 색깔 중 좋아하는 순서대로 순위를 부여하시기 바랍니다.
> 빨강(　　) 노랑(　　) 초록(　　) 파랑(　　) 검정(　　)

① 서열형 질문　② 평정형 질문　③ 선다형 질문
④ 선택형 질문　⑤ 찬부형 질문

05 다음 중 사전검사(pre-test)에서 고려하지 않아도 되는 것은?

① 응답에 일관성이 있는지를 파악한다.
② 각종 지시문이 올바르게 구성되어 있는지 진단한다.
③ 한쪽에 치우치는 응답이 나오는가를 검토한다.
④ 예비조사(pilot study)의 역할을 하므로 반드시 실시해야 한다.
⑤ 일괄적으로 거부하는 문항이 있는지 검토한다.

06 다음 중 사전검사의 목적이 아닌 것은?

① 설문지의 확정　② 지시문의 검토
③ 사후조사결과와 비교　④ 조사업무량의 조정
⑤ 실시조사관리의 점검

07 응답자의 대답을 잘 받기 위한 질문의 요건을 제시하라.

08 질문지 작성 시 기존의 질문을 다시 사용함으로써 기대할 수 있는 긍정적 효과에 대해 논하라.

09 개방형 질문과 폐쇄형 질문의 장 · 단점을 나열하라

10 사전조사에서 대학에서 학문교육뿐 아니라 직업교육에 대한 태도를 조사한 결과 매우 찬성과 찬성이 주를 이루었고 반대가 거의 없었다. 이때 이 설문의 취지를 살릴 수 있는 방법은 무엇이 있겠는가?

11 질문지 배열 시 고려사항을 세 가지 이상 기술하라.

12 질문지 작성순서에 대해 기술하여라.

chapter

09

자료수집

09 자료수집

통상 자료수집이란, 만들거나 이루는 데 바탕이 되는 물자나 재료資料를 거두어 모으는收集 것을 뜻한다. 따라서 과학적 조사연구에서의 자료수집이란, 연구나 조사 따위의 바탕이 되는 재료資料를 모으는收集 행위로 볼 수 있다. 여기에서 연구나 조사 따위의 바탕이 되는 재료는 피조사자의 의견과 태도를 의미한다고 할 수 있다.

자료는 직접성의 수준에 따라 **1차 자료**primary data와 **2차 자료**secondary data로 분류된다. **1차 자료**란, 연구자가 현재 연구의 달성을 위한 직접적으로 수집하는 자료로써, 조사목적과 정확히 일치한다. 또한 타당도와 신뢰도를 측정할 수 있으며, 필요한 시기에 적절히 이용이 가능한 장점이 있다. 그러나 자료의 수집 과정에서 시간, 비용, 인력의 소요가 매우 큰 단점이 있다. 반면 **2차 자료**는 조사목적에 활용이 가능한 기존의 모든 자료, 즉 조사자가 직접 수집하거나 작성한 1차 자료를 제외한 모든 자료를 의미한다. 2차 자료는 때에 따라 수집이 쉽고 비용이 저렴하며, 백서白書 등의 경우는 시계열적인 연속자료의 수집이 가능하다. 그러나 2차 자료는 자료의 내용, 측정단위, 조작적 정의 등이 현재 연구와 정확하게 일치되지 않는 경우가 많으며, 경우에 따라 접근이 어렵거나 제한된 자료일 경우가 있다[1].

한편 우리가 일상에서 많이 접하는 우편조사나 전화조사 등의 질문지법, 면접법, 관찰법 등은 질의되는 내용 자체와 이에 대한 응답이 중요한 정보이다. 따라서 이를 모아 집계하고 통계처리한 후 의사결정을 위한 기초 자료로

1) **2차 자료**는 조사자가 종사사는 조직 내부의 자료를 의미하는 **내부자료**와, 타 기관이나 조직에서 생산한 자료를 의미하는 **외부자료**로 분류할 수 있다.

활용한다. 그러나 경우에 따라서는 명시된 내용이 아니라 이면에 응답자가 모르는 다른 의미를 숨겨놓고 정보를 수집한 뒤 이면의 내용을 비교·분석할 때도 있다. 대표적으로 사회적 규범과 윤리, 집단이나 인간관계로 인한 압력, 체면 등의 이유로 진실한 응답을 회피하거나 거절할 경우 혹은 정확한 응답을 얻을 수 없는 경우가 해당된다[2].

전자는 **직접적 수집법**direct collection method, 후자는 **간접적 수집법**indirect collection method이라 할 수 있을 것이다. 본 서書는 자료수집방법을 두 가지 차원으로 분류하여 설명하고자 한다.

9.1. 직접적 수집법

직접적 수집법은 앞서 기술한 바와 같이 질의되는 내용 자체와 이에 대한 응답이 중요한 정보인 자료수집법이다. 직접적 수집법은 다시 응답자와 조사자가 서로 커뮤니케이션을 수행하는 **의사소통방식**communication method과 **非의사소통방식**non-communication method으로 구분할 수 있다. 의사소통방식은 다시 설문지를 이용하는 **질문지법**questionnaire method과 설문지를 이용하지 않는 **非질문지법**non-questionnaire method으로 세분할 수 있다.

9.1.1. 의사소통방식

9.1.1.1. 질문지법

질문지법questionnaire method은 사전에 작성된 설문지를 가지고 자료를 수집하는 방법이라 할 수 있다. 질문지법의 특징 및 장·단점은 **8. 질문지**설문지 **작성**을 참고하기 바란다.

2) 재미삼아 해보는 심리테스트도 이런 간접적 자료수집법의 일환이라고 보면 된다.

9.1.1.1.1. 집합조사=집단조사

집합조사는 일정한 장소에 모인 피조사자들에게 질문지를 배포하고 현장에서 응답자가 직접 기재하도록 하는 방법으로써, 시간이 절약되고, 조사가 간편하며, 적은 조사원으로도 가능하고, 상호 의사소통을 통해 질문지에 대한 오류를 감소시킬 수 있다는 장점을 지닌다. 그러나 집합조사는 피조사자를 한자리에 모으기 곤란하며, 타인의 영향을 받을 가능성을 배제할 수 없고, 경우에 따라 집단상황이 응답을 왜곡할 수 있다는 단점이 있다. 또한 일당이나 교통비 지급 시는 비용이 많이 든다.

9.1.1.1.2. 배포조사

배포조사는 직장이나 가정에 질문지를 전달하여 응답자가 직접 기입하게 한 후 일정 시간 이후에 재방문하여 질문지를 회수하는 방법이다. 비용이 적게 들고 응답자에게 생각할 시간적 여유를 제공할 수 있으며, 비용이 집합조사에 비해 적게 든다. 그러나 오기재 시 시정이 곤란하고, 타인의 영향을 받았는지 파악이 어려우며, 회수를 못할 경우 또다시 방문해야 하는 번거로움이 발생할 여지가 많다.

9.1.1.1.3. 전화조사

전화조사는 표준화된 질문지를 이용하여 짧은 시간 동안 전화를 이용하여 자료를 수집하는 방법이다. 전화조사는 조사가 간단하고 신속하며, 조사비용이 저렴하다는 특징을 지닌다. 또한 접근하기 어려운 대상에게도 조사가 가능하고, 전화번호부라는 비교적 쉽고 정확한 표본프레임이 존재하며, 면접자의 외모나 차림새에 의한 오류를 배제할 수 있다. 그러나 전화번호부를 표본프레임으로 활용할 경우의 문제점, 즉 전화번호부의 불완전성이 문제가 될 수 있으며, 시간적 제약으로 간단한 질문만 가능하기에 상세한 정보를 획득하기가 곤란하다. 또한 조사시간대별로 응답대상이 달라지며, 전화를 이용한다는 특성상 그림이나 도표 사용이 불가능하고, 복잡하거나 민감한 사적인 질문, 너무 긴 내용의 조사[3)]는 곤란하다.

9.1.1.1.4. 우편조사

우편조사는 질문지를 우편으로 우송하여 기록하도록 한 뒤 동봉한 반송용 봉투 등을 이용하여 우편으로 회수하는 방법으로써, 배포조사의 일종인데 다만 우편을 활용한 것이라고도 볼 수 있다[4]. 우편조사의 장점은 조사비용과 노력이 절약되며, 넓은 범위의 대상에게 접근이 용이하다. 또한 원론적으로는 조사가 어려운 대상에게도 접근 가능할 수 있다[5]. 더불어 응답에 대한 충분한 시간을 제공함으로써 응답자에게 심사숙고할 시간적 여유를 줄 수 있다. 그러나 우편조사는 가장 큰 단점이 회수율이다. 회수율을 높이기 위해 첫째, 설문의 내용을 지나치게 어렵거나 대답하기 곤란하게 작성하지 않으며, 둘째, 볼펜, 전화카드, 도서상품권 등 응답에 대한 보상을 제공하고, 셋째, 응답자의 전화번호가 있을 시 응답과 반송을 부탁하며, 넷째, 설문지를 재송부하는 등 다양한 방안을 모색해야 한다. 한편 우편조사의 그밖의 단점으로는 응답내용이 모호할 경우에도 확인이 불가능하다는 것과, 응답자 본인이 응답했는지 여부를 파악할 수 없고 캐어묻기probing[6]가 곤란하다는 점 등이다.

9.1.1.1.5. 인터넷조사

인터넷조사는 인터넷을 이용하여 자료를 수집하는 방법으로써, 조사비가 저렴면접원 수당이나 코딩에서 비용절감하고, 거리와 시간의 제약이 없으며, 신속한 결과 도출이 가능하고, 다양한 매체를 활용할 수 있다는 장점이 있다. 그러나 가장 큰 단점으로는 표본의 특정성, 즉 관심을 가진 사람만 참여하므로 편중 문제가 발생될 여지가 있어 표본의 대표성이 낮다는 것[7]이다. 또한 초기 고정비용이 많이 소요되며, 조사시간대와 기간에 따라 표본이 달라지게 된다.

---

3) 경험상 15~20문항으로 구성하는 것이 바람직하다.

4) 따라서 배포조사의 장·단점 중 대부분은 우편조사에도 동일하게 적용된다.

5) 실제로는 접근이 어려운 대상에게의 접근이 쉽다고 보기는 힘들다. 가령 특정 국가정책에 대한 설문조사를 위해 국회의원들에게 우편으로 설문지를 보냈다고 했을 때, 과연 설문지가 국회의원에게 실제로 전달되는지는 미지수이기 때문이다. 보통 의원사무실에 도착한 설문지는 보좌진에서 해결하거나 아니면 묵인되는 수가 많다. 이런 관점에서 보면, 우편을 보낼 수 있는 것이 접근성이 높은 것과 일치되는 것이라고 보기에는 한계가 있다.

6) 응답자로부터 충분한 답을 얻지 못했을 경우에 사용하는 기술로써, 추가적인 질문을 통해 충분하고 정확한 대답을 캐어묻는 행위를 말한다. 면접 특히 심층면접에서 활용되며, 본 단원에서 면접법을 다루면서 설명하고 있다.

7) 인터넷을 이용하는 사람에게만 적용되므로 상대적으로 폐쇄적인 매체라고 볼 수 있다.

인터넷조사의 종류로는 팝업창을 통해 신속하게 조사가 이루어지는 웹페이지조사spot 설문, 첨부된 연결주소를 클릭하면 새 문서로 연결되는 웹문서조사, e-mail로 설문지를 보내고 이를 작성한 후 반송하게 하는 e-mail조사, 응답프로그램을 다운받아 설치한 후 설문에 응하도록 하는 다운로드조사, 해당 페이지에 접속하는 불특정 다수를 대상으로 수행하는 방문자조사, 해당 인터넷 사이트의 회원을 대상으로 조사하는 회원조사, 조사에 참여하겠다고 의사를 표시한 사람으로 패널을 구성하고 이 중에서 일정한 수를 표집하여 실시하는 인터넷 패널조사 등이 있다.

9.1.1.2. 非질문지법

非질문지법non-questionnaire method은 자료수집에 정해진 질문지를 이용하지 않는 것으로써, 면접법이 해당된다[8].

9.1.1.2.1. 면접법

면접법이란 조사자와 조사대상자가 대면을 통해 상호작용을 하면서 필요한 자료를 수집하는 방법, 즉 일정한 조건하에서 언어를 매개로 질문과 응답을 통해 자료를 얻는 방법이다.

면접법의 **장점**은 자료수집의 과정, 자료 및 응답자의 성격에 따라 나누어 살펴볼 수 있다. 첫째, 자료수집의 과정 측면에서의 장점으로는 제3자 개입을 방지할 수 있고, 면접자가 상황을 조절할 수 있으므로 자료수집을 중단없이 완료할 수 있으며, 응답순서를 어기는 등의 행위를 통제할 수 있다. 또한 캐어묻기probing, 질문의 반복, 쉬운 말로 해석 등을 적절히 활용함으로써 타당도 높은 자료수집이 가능하다. 둘째, 자료 및 응답자의 성격과 관련된 장점으로는 논쟁거리 또는 복잡한 질문도 적절한 설명과 해석을 통해 조사가 가능하고, 순간적으로 자연스럽게 나오는 반응이나 응답을 얻을 수 있으며, 무응답을 최소한으로 줄이고 보충자료를 얻어낼 수 있다는 것이다. 또한 질문지법

8) 광의의 관점으로 보면 면접법, 특히 표준화면접은 사전에 작성된 면접 조사표interview schedule를 이용하므로 질문지법이라고 할 수 있으나, 이미 **8. 질문지**설문지 **작성**에서 한 차례 명시한 대로 본 서書는 협의의 관점, 즉 사전에 인쇄된 질문지에 조사대상자가 응답을 직접 기입하는 자기기입식 방법만을 인정하는 관점을 취하므로 면접법은 非질문지법으로 분류된다.

에 비해 높은 회수율과 넓은 표본의 폭을 확보할 수 있다는 장점이 있다.

이에 반해 면접법의 **단점**으로는 첫째, 경제적 관점에서 볼 때, 질문지법에 비해 시간과 비용, 인력이 많이 소요되며, 동일한 시간 내에 얻어낼 수 있는 자료의 수가 질문지법에 비해 현저히 떨어진다는 점이다. 둘째, 면접과정 및 응답의 질적 측면에서는 면접자의 편견interviewer bias이 개입될 여지가 크고, 이로 인해 표준화된 자료수집의 실시가 불가능하며, 무기명 조사인 경우 무기명이라는 것을 납득시키기 어렵고, 고위정부관리, 성범죄피해자 등 특수층의 사람들은 면접이 매우 어렵다는 점이다. 또한 대면의 특성상 대답하기 어려운 민감한 질문이나 규범적 질문에 대한 응답을 신뢰할 수 없고, 즉각적인 응답을 해야 할 압력을 받기 때문에 숙고할 기회가 적어 왜곡된 응답일 가능성을 배제하지 못하게 된다.

면접법은 **표준화 면접**standardized interview,=구조화 면접, **비표준화 면접**non-standardized interview,=비구조적 면접, **반표준화 면접**semi-standardized interview으로 분류된다.

먼저 **표준화 면접**은 일정하게 표준화된 질문, 즉 면접 조사표interview schedule를 가지고 상황에 구애됨이 없이 모든 응답자에게 동일한 순서에 따라 동일한 질문을 수행하는 방법이다. 표준화 면접의 장점은 첫째, 면접결과의 부호화가 용이하고, 둘째, 신뢰도가 높아 반복적인 연구가 가능하며, 셋째, 면접자에 의한 오류가 적고 응답자의 응답의 일관성을 유지할 수 있다는 점이다. 반면 표준화 면접은 새로운 사실 및 아이디어를 발견할 가능성이 낮고, 면접상황에 대한 적응도와 융통성이 없어 타당도가 낮으며, 특정 분야의 깊이 있는 측정을 도모할 수 없다는 단점을 지닌다.

다음으로 **비표준화 면접**은 표준화 면접과 달리 면접조사표 없이 질문의 형식이나 순서에 구애받지 않고 비교적 자유스럽게 면접자와 응답자의 상호작용에 따라 자료를 수집하는 방법이다. 비표준화 면접의 장점은 응답자와 면접자 간에 관계rapport를 형성하기가 쉽고, 언어적 상호작용이 표준화 면접보다 더 자연스럽기 때문에 타당성 있는 자료수집이 가능하며, 새로운 사실이나 아이디어의 발견 가능성이 높다는 것이다. 또한 응답자의 심리상태나 주위환

경에 따라 질문의 첨가 및 삭제 등 기술의 조절이 자유롭기 때문에 적응도가 높다는 장점을 지닌다. 비표준화 면접의 단점은 면접결과의 부호화가 어렵고 신뢰도가 낮다는 점이 대표적이다.

마지막으로 **반표준화 면접**은 표준화 면접과 비표준화 면접의 중간단계로써 일정 기준의 질문만 표준화 면접을 수행하고 나머지는 비표준화 면접을 수행하는 방법이다. 반표준화 면접을 이용하면 주제와 내용을 표준화하되 질문순서나 방법 등은 면접자가 어느 정도 재량을 가지고 상황에 따라서 변경시킬 수 있는 융통성을 발휘할 수 있다.

〈표 9-1〉 **캐어묻기probing**

캐어묻기의 구체적 기법은 다음의 다섯 가지가 있다. 첫째, **무언의 캐어묻기**이다. 대답이 불완전하거나 미진할 때 그 다음의 말을 기대하는 듯 상대방을 응시하여 대답을 더 계속하도록 자극하는 것으로써 고갯짓, 눈짓, 얼굴표정 등의 행위를 이용한다. 둘째, **드러내 놓고 권장하는 방법**이 있다. 말 또는 고개를 끄덕이며 장려하는 방법으로써 주로 "네네", "그렇습니까?", "아. 그것 재미있군요" 등의 말로써 이끌어낸다. 셋째, **보다 자세한 해명elaboration의 요구**이다. 유도나 부정적 질문은 피하고 긍정적 질문이나 응수로 종용하는 기법으로써 주로 "무슨 뜻이지요?", "왜 그렇게 생각하십니까?", "무슨 말씀인지 이해가 안 가는데요", "그밖에 하실 말씀은 없으세요?" 등의 말들이 해당된다. 넷째, **명료화clarification**이다. 응답이 모순되거나 모호하거나 일관성이 없을 때 좀더 분명한 대답을 요구하는 것으로써, "죄송하지만 지금 …라고 하신 겁니까 아니면 다른 뜻이 있는 것입니까?", "좀더 자세히 설명해 주실 수 있습니까?" 등이 대표적이다. 다섯째, **반복repetition**이다. 이는 응답자가 한 말을 그대로 반복하여 좀더 자세하고 분명한 대답을 요구하는 것으로써, 메아리 캐어묻기echo probing라고도 한다.

캐어묻기가 필요한 경우는 첫째, **개방형 질문을 이용**할 때이다. 자기표현에 익숙지 않은 응답자는 "글쎄요", "내가 뭐 압니까", "알아서 쓰세요" 등 모호한 표현으로 얼버무리는 경우가 많다. 이럴 경우 특히 캐어묻기가 필요하다. 둘째, **개방형 질문이 아니더라도 응답을 회피하는 경우**이다. 의견이 아예 없거나 표현하기 두렵거나 쟁점을 다투기 꺼리거나 시간을 벌려고 하거나 질문을 잘 이해하지 못하는 경우 대부분의 응답자들은 "글쎄요", "잘 모르겠는데요" 등으로 대답한다. 이런 때 캐어묻기를 시도한다. 만일 동일한 대답이 반복된다면 "모른다"로 간주하고 처리한다.

캐어묻기를 이용할 때 주의할 사항으로는 첫째, 자칫 유도질문으로 전락할 수 있다. 면접 시 대답이 잘 안 나오는 경우 초조한 마음에서 어떤 대답을 시사하거나 더 나아가서는 한쪽으로 유도하는 식의 보충질문을 하게 되므로 주의해야 한다. 캐어묻기는 반드시 비지시적인 속성을 가져야 한다. 둘째, 캐어묻기는 적당한 선에서 끝내야 한다. 질문을 계속해서 캐어묻게 되면 응답자는 불안을 느끼게 되어 관계rapport를 훼손할 수 있다. 이런 때는 다른 이야기를 하여 응답자가 심리적으로 안정되었을 때 다시 그 질문을 하는 것이 바람직하다.

※ 캐어묻기 질문의 예
A. 면접자 : "귀하의 직업은 무엇입니까?"
B. 응답자 : "○○물산에서 일해요"
⇒ **탐침질문 : "○○물산에서 무슨 일을 하시죠? 거기서 어떤 일을 하세요"**
A. 면접자 : "얼마나 오랫동안 실직하셨나요?"
B. 응답자 : "아주 오래요"
⇒ **탐침질문 : "실직기간이 얼마나 되시는지 구체적으로 말씀해 주시겠습니까?"**

9.1.2. 非의사소통방식

9.1.2.1. 관찰법

관찰법은 직접적 수집법 중 비의사소통법으로써, 조사대상을 통제하지 않고 일정한 시간에 걸쳐 특성이나 언어적·비언어적 행위 등과 같은 행태를 지켜보거나 들으며 기록함으로써 자료를 수집하는 방법이다.

관찰법은 연구대상 행위나 행동을 즉각적으로 포착할 수 있으며, 언어와 문자로 인한 제약을 덜 받고, 유아나 동물과 같이 표현 능력이 부족한 대상도 조사대상에 포함시킬 수 있다. 또한, 무의식적 행동이나 비언어적 반응에 의해 얻어지는 자료는 관찰법으로만 획득할 수 있다. 그러나 관찰이 불가능한 행위들에 대해 수집이 어렵고, 피조사자가 관찰됨을 인지하게 되면 전혀 다른 행동 양식을 보일 수 있으며, 관찰자의 능력에 따라 선택적 관찰 및 왜곡된 일반화가 이루어질 우려가 있다. 더불어 관찰자의 시간적·공간적 한계도 자료수집을 제약하는 요소이다.

관찰법의 유형은 관찰자의 참여정도, 관찰방법의 체계성, 관찰상황의 통제여부에 따라 각각 분류할 수 있다.

먼저 **관찰자의 참여정도**에 따라서는 **참여 관찰, 비참여 관찰, 준참여 관찰**로 구분된다. **참여 관찰**은 관찰자가 관찰대상집단 내부로 참여하여 구성원의 하나가 되어 그들과 함께 생활하거나 활동하면서 관찰하는 것으로써, 피관찰자와 의미있는 접촉을 유지할 수 있으며 대상집단이 숨기고자 하는 행위에 대해서도 자연스럽게 관찰할 수 있다. 또한 신념·동기 등과 같은 외부로 명백히 표시되지 않는 사실도 직접 알아낼 수 있다. 그러나 관찰대상에게 신분을 숨기기가 어려우며, 신분이 노출되거나 관찰되는 사실이 알려지면 수집되는 자료가 부정확하고 왜곡될 수 있다. 또한 같이 생활하게 되어 동조현상이 생겨 객관성을 잃을 우려가 있으며, 관찰자가 자신의 가치관이나 의미를 관찰대상에 주입하여 자연스런 상태가 변질될 여지가 있다. **비참여 관찰**은 연구자가 자연상태에서 관찰대상의 행태를 관찰하지만 관찰대상집단의 구성원과 어떤 상호작용도 하지 않고 제3자적 입장에서 거리를 유지하는 방법이다. 피관찰자에게 관찰사실을 숨기는 것이 용이하므로 객관적 입장에서 전체를 정확하게 관찰할 수 있다. 이로 인해 자료처리의 표준화가 가능하므로 자료의 신뢰성이 높아지고 반복적인 자료수집이 가능하다. 그러나 참여를 하지 않으므로 관찰의 범위와 규모에 한계가 있다. **준참여 관찰**은 관찰자가 참여자임을 밝히고 관찰대상과 자연스럽게 어울리면서 객관성을 유지하는 방법으로써 중·고등학교에서 교생실습을 하는 대학생이 대표적인 예이다.

다음으로, **관찰방법의 체계성**에 따라서는 **구조화 관찰**structured observation과 **비구조화 관찰**unstructured observation로 구분된다. **구조화 관찰**은 관찰내용, 방법, 시기, 시간 등을 사전에 결정해 놓고 관찰하는 방법, 즉 무엇을 관찰하고 기록할 것인가를 사전에 구체적으로 결정한 다음 체크리스트와 같은 도구를 사용하여 관찰결과를 기록하고 자료의 계량적 분석에 대비하는 방법이며, **비구조화 관찰**은 이와 반대로 관찰대상, 방법, 관찰시간, 시기가 분명하게 규정되지 않은 상태에서 관찰하는 방법이다.

마지막으로 **관찰상황에 대한 통제 여부**별로는 관찰자가 관찰상황을 인위적으로 통제한 상황에서 관찰이 이루어지는 **통제 관찰**과, 자연적 상황에서 행동이 일어나는 시점까지 기다려서 관찰이 이루어지는 **비통제적 관찰**로 구분할 수 있다.

9.2. 간접적 수집법

간접 질문법은 응답자의 반감을 예상하여 전혀 다른 방법으로 질문하는 것으로써, 전혀 다른 질문을 하여 해당 질문에 대한 반응으로 필요한 정보를 수집하는 방법이다. 직접적 수집법과 마찬가지로 커뮤니케이션의 수행 여부에 따라 **의사소통방식**communication method과 **非의사소통방식**non-communication method으로 구분할 수 있다.

9.2.1. 의사소통방식

의사소통을 이용하는 간접적 수집법은 **투사법**projective method, **오류선택법**error-choice method, **정보검사법**information test으로 나누어 살펴볼 수 있다.

9.2.1.1. 투사법

투사법은 직접 질문하기가 어렵거나 혹은 직접질문 시 타당성 있는 대답이 나올 가능성이 없을 때 특정 자극상황을 만들어 이에 대한 응답자의 반응을 보고 의향을 파악하는 방법으로써, **언어적 기법, 회화적 기법, 역할수행 기법**으로 분류된다.

언어적 기법은 비슷한 단어들을 보여주고 떠오르는 이미지를 묻는단풍,은행잎,낙엽⇒가을 단어연상법, 미완성된 문장을 보고 응답자로 하여금 완성토록 하는 문장완성법, 논란의 여지가 있는 주제를 가지고 응답자로 하여금 결론을 도출토록 하는 논쟁완성법으로 세분된다.

회화적 기법에는 모호한 그림을 보여주고 느낀 점을 묻는 통각시험법[9]과 만화를 보여주고 제목을 묻거나 대사를 완성하도록 하는 만화완성법이 있다.

역할수행 기법은 사이코 드라마나 역할극 혹은 가족조각[10] 등 어떤 역할을 수행하게 함으로써 조사대상자의 태도나 감정을 감지하는 방법이다.

9.2.1.2. 오류선택법

오류선택법은 어떤 질문에 대한 틀린 답을 여러 개 써놓고 그것을 선택하게 함으로써 응답자의 태도를 보는 방법이다. 예를 들어, '우리 회사의 비자금은

9) 미술치료나 로르샤하 검사Rorschach test가 대표적인 예이다.

10) **가족조각**family sculpting은 Kantor과 Duhl에 의해 개발되어 Virginia Satir에 의해 가족치료분야에서 널리 활용되는 것으로써, 가족사회복지사가 가족구성원 중 한 성원에게 다른 성원을 의미 있게 배치해보도록 요청하여 무언극을 하게 하는 치료기법이다.

어느 정도라고 생각하십니까?'라는 질문에 대해 ① 없다 ② 10억 ③ 50억 ④ 100억의 응답범주를 제시했다고 해보자. 자신의 회사에 대해 호의적인 사람은 ① 없다를, 비호의적인 사람은 ④ 100억을 선택할 것이다.

9.2.1.3. 정보검사법

정보검사법은 어떤 주제에 대한 개인이 가지고 있는 정보의 양과 종류가 그 개인의 태도를 결정한다고 보고 그 개인이 가지고 있는 정보를 파악하여 응답자의 태도를 찾는 방법이다[11]. 가령, 'probing기법에 대해 설명하시오'라는 질문을 했을 때 조사방법론 학문에 관심이 있고 긍정적으로 공부해온 사람이라면 자세하고 쉽게 응답을 잘 할 수 있을 것이다.

9.2.2. 非의사소통방식

간접적으로 자료를 수집할 때 의사소통을 하지 못하는 경우는 조사대상들이 남긴 물리적 흔적을 간접 관찰하여 자료를 수집해야 한다. 이런 간접적인 관찰로 자료를 수집하면 복잡한 연구설계나 질문지 구성을 하지 않아도 되므로 간편하고 손쉽게 자료를 얻을 수 있다. 그러나 간접 관찰을 통해 수집된 자료는 명백히 추정 자료의 한계를 벗어나기 힘들며, 물리적 흔적은 대개 집합적gross 단위로 수집되기 때문에 개별 대상자별 자료로 환원할 수 없다는 단점이 있다.

9.2.2.1. 마모 측정erosion measure

예를 들어, 전시장에서 사람들이 어떤 작품에 관심을 갖고 많이 열람했는지 혹은 도서관에서 어떤 책을 사람들이 주로 보는지를 파악하고자 한다고 해보자. 이용자들에게 질문지를 이용하여 직접 질의할 수도 있지만 간단하게 물리적 흔적을 살펴봄으로써 원하는 자료를 얻을 수 있다. 전시장의 경우 전시 작품 앞바닥의 마모 정도를 살펴보고, 도서관의 경우 책이 헤진 정도 등을

11) 대학입시시험, 학교의 중간・기말고사, 각종 자격 및 면허시험 등 우리가 살면서 접하는 모든 시험들이 이와 같은 정보검사법의 일종이라 할 수 있다.

조사하면 간접적으로 유추할 수 있다. 이처럼 마모된 정도를 통해서 유추되는 자료를 수집하는 방법을 **마모 측정**이라고 한다.

9.2.2.2. 첨증 측정accretion measure

특정 지역의 술 소비량이 어느 정도인지를 알고자 할 때 탐색적으로 알아보기 위해서는 그 지역의 쓰레기장에 모인 술병을 헤아려 볼 수 있다. 이처럼 **첨증 측정**은 더해서 쌓여진 정도를 통해 자료를 수집하는 것으로써, 퇴적 측정이라고도 한다.

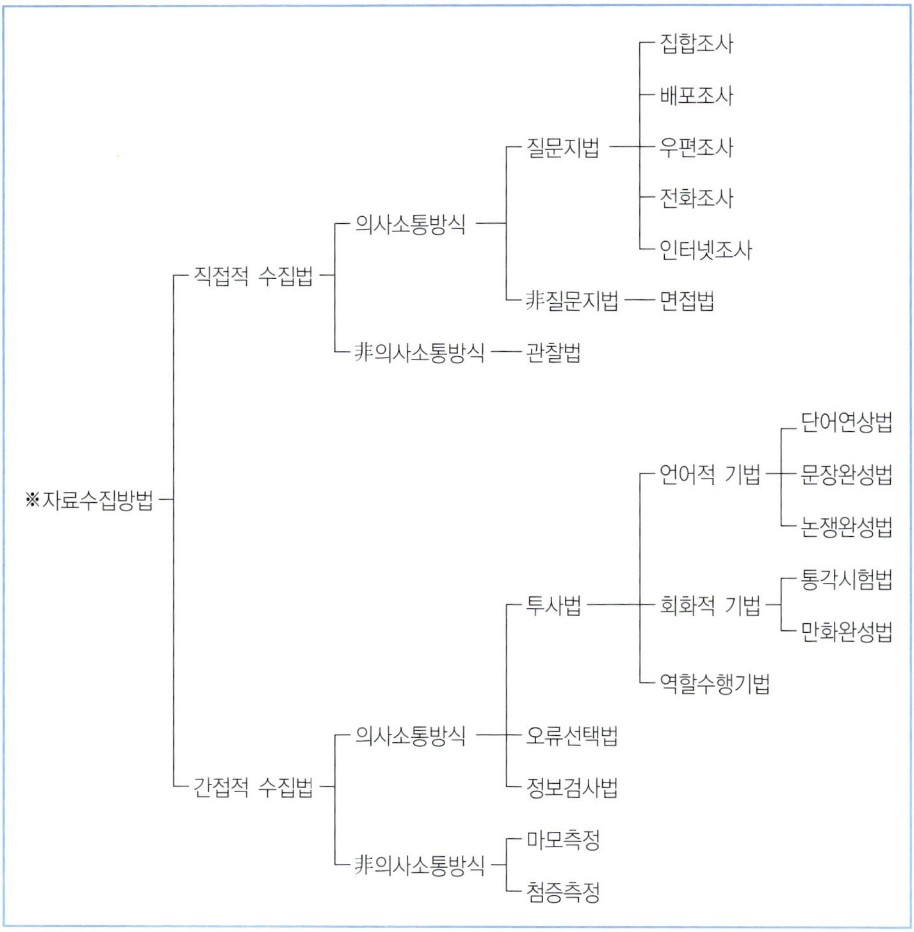

그림 9-1 자료수집방법의 구성체계

단원 연습문제 9

01 다음 중 연구자가 현재 수행 중인 조사연구의 목적달성을 위해 직접 생성하고 수집하는 자료는 무엇인가?

① 1차 자료 ② 2차 자료 ③ 3차 자료
④ 기존 자료 ⑤ 연구자료

02 다음 자료수집방법 중 신뢰도가 가장 높은 방법은 무엇인가?

① 2차 자료 ② 질문지 ③ 면접
④ 직접 관찰 ⑤ 1차 자료

03 다음 설명은 어떤 자료수집방법에 대한 설명인가?

> 이 조사는 자기 기입식 조사의 일종이며, 연구자가 응답자를 직접 면접하지 않고 집단적으로 모아놓고 질문지를 교부해서 응답자로 하여금 직접 설문지를 작성하게 하는 자료수집방법이다. 주로 일정한 장소에 모일 수 있는 사람들을 대상으로 한다.

① 전화조사 ② 집단조사 ③ 배포조사
④ 대인면접 ⑤ 면접조사

04 다음 중 일정한 장소에 응답자를 모아놓고 설문지를 배포하여 응답을 구하는 방식은 무엇인가?

① 현지조사 ② 집합조사 ③ 배포조사
④ 사례조사 ⑤ 면접조사

05 **다음 중 배포조사의 장점이 아닌 것은?**

① 비용이 적게 든다.
② 설문지의 회수율이 비교적 높은 편이다.
③ 응답자에게 생각할 시간적 여유를 제공한다.
④ 질문지의 오기를 바로잡기 쉽다.
⑤ 집단의 상황으로 인한 응답의 왜곡을 막을 수 있다.

06 **다음 중 '익명성에 대한 확신'을 가장 높게 부여할 수 있는 자료수집법은?**

① 배포조사법 ② 우편조사법
③ 집단조사법 ④ 면접조사법
⑤ 전화조사법

07 **우편조사의 단점은 무엇인가?**

① 많은 사람들을 표본으로 삼을 수 없다.
② 넓은 지역을 조사할 수 없다.
③ 비용이 가장 많이 소비된다.
④ 익명성을 확보하기 어려우며, 접근이 어려운 대상에게는 불가능하다.
⑤ 회수율이 낮다.

08 **다음 중 우편조사의 특징에 해당되지 않는 것은?**

① 조사비용과 노력이 절약된다.
② 낮은 회수율이 문제이며, 이를 제고하기 위한 노력이 요구된다.
③ 표본의 수에 구애받을 필요없이 광범위한 지역을 조사할 수 있다.
④ 면접에서와 같이 면접자의 편견이 개입될 우려가 없다.
⑤ 익명성에 대한 확신을 심어주기 어렵다.

09 **다음 중 전화조사의 단점이 아닌 것은?**

① 다른 자료수집방법에 비해 질문의 길이와 내용에 제한을 받게 된다.
② 개별면접조사에 비해 응답률이 높다.
③ 시각적인 보조자료의 활용이 어렵다.
④ 표본의 대표성 유지가 어렵다.
⑤ 비교적 짧은 시간에 자료수집을 완료해야 한다.

10 **인터넷 조사의 장점으로 적합하지 않은 것은?**

① 조사비용이 저렴하다. ② 설문응답의 회수가 빠르다.
③ 조사기간이 단축된다. ④ 대표성의 확보가 용이하다.
⑤ 설문 문항의 표현에 다양한 방법이 활용될 수 있다.

11 **다음 중 온라인 사회조사에 대한 설명으로 바르지 않은 것은?**

① 온라인 사회조사란 인터넷 조사, PC통신망을 이용한 조사 등 컴퓨터 통신망에서 이루어지는 여러 형태의 사회조사를 포함하는 개념이다.
② 시간과 비용 면에서 매우 경제적이다.
③ 다른 자료수집방법과 병행하여 표본의 대표성 문제를 완화하여야 한다.
④ 모집단의 규정과 표본의 대표성 문제가 가장 큰 쟁점이다.
⑤ 넓은 지역에 대한 조사가 어려우며 회신율이 낮은 단점이 있다.

12 **다음 중 비교가 잘못된 것을 모두 고르시오.**

기 준	면접조사	전화조사	우편조사
가. 조사비용	높다	중간	낮다
나. 조사기간	길다	짧다	길다
다. 설문지 난이도	어렵다	쉽다	중간
라. 응답자의 독해능력	필요없음	필요없음	필요함
마. 응답의 성실성	높다	중간	낮다
바. 응답률	높다	중간	낮다

① 가 – 나 – 다 – 바
② 라 – 마 – 바
③ 나 – 라 – 바
④ 가 – 라 – 마 – 바
⑤ 모두 옳음

13 **다음 면접법 중 미리 준비된 질문지에 따라 내용과 순서를 지키면서 신축성의 여지가 없이 진행되는 면접방식은?**

① 표준화면접
② 비표준화면접
③ 준표준화면접
④ 초점면접
⑤ 표적집단면접

14 **다음 중 비표준화 면접의 장점이 아닌 것은?**

① 융통성이 강하다.
② 면접상황에 대한 적응도가 높다.
③ 면접결과의 타당도가 높다.
④ 분석내용의 신뢰도가 높다.
⑤ 다양한 내용의 자료수집이 가능하다.

15 **다음 중 면접조사의 종류 중 표준화 면접의 단점이 아닌 것은?**

① 조사자의 행동에 일관성이 결여된다.
② 신축성이 없다.
③ 면접상황에 대한 적응도가 낮다.
④ 새로운 사실의 발견 가능성이 희박하다.
⑤ 다양한 정보의 습득이 불가능하다.

16 **다음 중 대인면접법의 단점이 아닌 것은?**

① 응답자가 질문내용을 이해하지 못하는 경우 보충설명이 불가능하다.
② 사회적 범죄의 증가에 따라 면접조사가 더욱 힘들어지고 있다.
③ 답례품, 면접원 등 조사 자체에 투입되는 비용이 비싸다.

④ 면접원이 응답자의 응답에 영향을 줄 가능성이 높다.
⑤ 면접원이 일관된 태도를 유지하며 면접에 임하기 어렵다.

17 **응답자가 어떤 질문에 대하여 부적합한 대답을 할 때 다시 캐내어 확인해 보는 일종의 보조방법을 다음 중 무엇이라 하는가?**

① 인터뷰　② 투사법　③ 프로빙
④ 질문지법　⑤ 표적집단면접

18 **다음 중 관찰조사의 장점이라고 할 수 없는 것은?**

① 관찰현상의 성격상 관찰자의 체력이나 심리적 인내가 필요하다.
② 관찰조사는 인간행동을 있는 그대로 즉시 조사할 수 있다.
③ 언어로 표현할 수 없거나 말하기 꺼려하는 사항에 대한 조사로 유용하다.
④ 피조사자의 반응과 관계없이 조사가 가능하다.
⑤ 문맹이나 의사표현력이 떨어지는 대상도 자료수집대상으로 포함할 수 있다.

19 **자료수집방법들에 대한 설명으로 틀린 것은?**

① 민감한 질문은 우편조사가 유리하다.
② 복합적인 질문은 면접조사가 유리하다.
③ 개방형 질문은 전화조사가 유리하다.
④ 익명성이 요구되는 질문은 우편조사가 유리하다.
⑤ 의사표현능력이 낮거나 문맹인 경우는 관찰법이 유리하다.

20 **다음 중 자료수집방법들에 대한 비교로 옳은 것은?**

① 인터넷 조사는 우편조사에 비해 비용이 많이 든다.
② 전화조사는 면접조사에 비해 시간이 많이 든다.

③ 인터넷 조사에서는 시각보조자료의 활용이 곤란하다.
④ 면접조사는 다른 조사에 비해 라포(rapport)의 형성이 용이하다.
⑤ 집합조사는 우편조사에 비해 설문지 회수율이 떨어진다.

21 **다음 중 직접 질문하기 어렵거나 또는 직접 질문을 하여도 타당성있는 대답이 나올 가능성이 없을 때 어떤 자극상황을 만들어 이에 대한 응답자의 반응을 보고 의향을 파악하는 방법은?**

① 인터뷰　② 투사법　③ 프로빙
④ 질문지법　⑤ 표적집단면접

22 **다음 중 투사법을 사용하는 이유로 적절하지 못한 것은?**

① 응답자가 자신의 감정과 태도를 명백하게 표시하지 않을 때
② 응답자 자신조차도 어떤 질문에 대해 분명히 답할 수 있는 확신이 없는 경우
③ 민감한 질문을 회피하는 경우
④ 면접(설문지나 개방형 질문)으로 밝힐 수 있는 이상의 정보를 수집할 수 있기 때문
⑤ 경우에 따라 집단의 압력으로 인해 정확한 응답을 회피하는 경우

23 **어떤 주제에 대한 개인이 가지고 있는 정보의 양과 종류가 그 개인의 태도를 결정한다고 보고 그 개인이 가지고 있는 정보를 파악하여 응답자의 태도를 찾는 간접질문법을 무엇이라고 하는가?**

① 마모측정　② 정보검사법　③ 오류선택법
④ 첨증측정　⑤ 브레인스토밍

24 도서관에서 사람이 주로 어떤 주제에 관심을 가지고 있는지를 알아보기 위해 열람실에 비치된 각 주제별 책들의 마모정도를 파악하여 측정하였다. 이와 같은 방법을 무엇이라고 하는가?

① 마모측정　② 지식측정법　③ 표적집단면접
④ 첨증측정　⑤ 델파이

25 실험방법에 비해 설문조사가 갖는 장점과 단점은 무엇인지 기술하여라.

26 최근 TV, 라디오 등을 통해 사회적 이슈 혹은 정책을 주제로 한 토론에서 시청자 혹은 청취자의 의견과 찬반 여부를 방송 중에 조사하고 있다. 이러한 여론조사의 문제점이 무엇인지 설명하여라.

27 우편조사에서 응답률을 높일 수 있는 방법을 제시하여라.

28 자료수집방법 중 우편조사의 장점과 단점을 각각 2가지씩 약술하라.

29 우편조사, 면접조사, 전화조사의 장 · 단점을 비교하고 논하라.

30 온라인 조사에서 가입자 조사, 회원조사, 방문자 조사의 의미를 설명하고 온라인 조사의 문제점을 기술하라.

chapter 10

자료처리 및 분석

10 자료처리 및 분석[1)]

자료가 수집되면 통계분석을 위해 컴퓨터에 자료를 입력하는 작업을 수행한다. 이를 코딩Coding이라 부르는데, Microsoft의 Word, Excel, Wordpad, Notepad 및 아래아 한글 등 다양한 소프트웨어가 활용된다. 또한 SPSS나 MiniTab 등 통계패키지를 활용하는 경우에는 직접 통계패키지에 코딩을 하기도 한다. 이때 입력되는 자료와 질문지의 일련번호가 일치되어야 한다. 코딩이 완료되고 나서 오기입이나 누락사항이 발생되었다면 설문지와 비교·검토하여 자료의 정제작업data cleaning을 수행해야 하기 때문이다. 정제된 자료는 통상 통계분석 프로그램을 이용하여 분석에 임하게 된다.

10.1. 자료분석을 위한 기초 개념

10.1.1. 모집단母集團, Population과 표본標本, Sample

7. **표본추출**에서 이미 거론한 것처럼 **모집단**母集團, Population이란, 통계적 관찰대상이 되는 개체의 전체집합을 의미하며, 유한한 추출단위를 지닌 유한有限 모집단과 무한한 추출단위를 지닌 무한無限 모집단으로 구분된다. 또한 **표본**標本, Sample은 모집단에서 조사대상으로 추출된 일부분인 부분집합을 뜻한다.

1) 본 단원은 통계와 관련된 내용이므로 간략하게 정리하였다. 자세한 것은 통계학 서적을 참고하기 바란다.

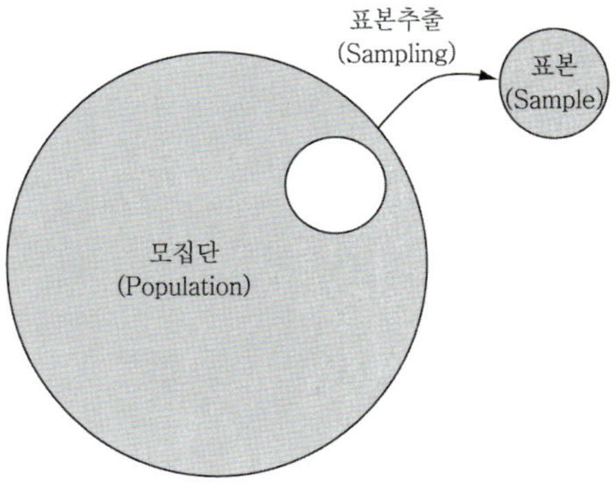

그림 10-1 **모집단과 표본**

어느 집단의 특성을 나타내는 갖가지 수의 값을 특성치特性値라고 하는데, 모집단의 특성치는 모수, 표본집단의 특성치는 표본통계량=통계량이라 한다.

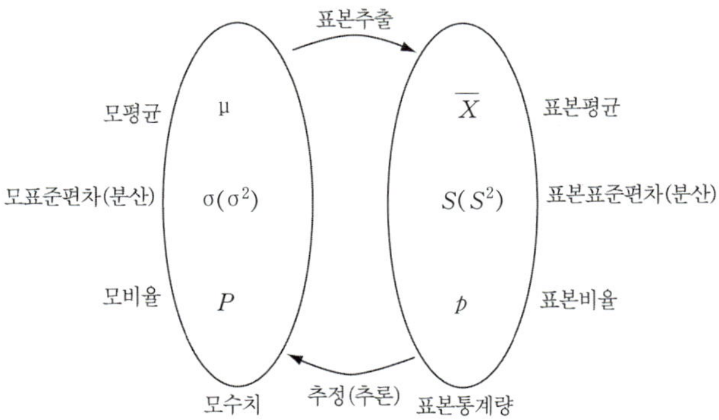

그림 10-2 **모수와 (표본)통계량의 관계**

10.1.2. 기술통계descriptive statistics

기술통계는 특정 대상으로부터 수집된 양적인 정보나 측정값을 체계화하고 요약 및 정리하여 기술descriptive하는 것이다. 기술통계는 있는 그대로를 서술하므로 어떠한 조건이나 전제가 붙지 않는다.

10.1.2.1. 대표치

대표치(代表値)란, 관찰된 자료가 어느 위치에 집중되어 있는가를 나타내는 **집중화 경향**의 측도로써, 자료 전체를 대표하는 수치이다. 평균, 중앙값, 최빈값이 이에 해당된다. 이 중에서 가장 많이 쓰이는 것은 평균, 즉 **산술평균**算術平均, Arithmetic Mean이다. 평균은 자료의 총합을 자료의 개수로 나눈 값이다. **중앙값**Median은 극단치의 영향을 받지 않는 대표치로써, 자료의 측정치를 크기 순으로 나열해 놓은 순서통계량에서 중앙에 위치하는 자료의 값을 의미한다. **최빈값**最頻値, Mode은 자료에서 출현빈도가 가장 많은 수를 의미한다.

10.1.2.2. 산포도

산포도散布度, Measure of Dispersion는 자료의 산포상태, 즉 퍼져있는 상태를 표시해주는 측도로써, 대표치와 함께 집단의 특성을 비교・설명하는 데 매우 중요한 정보를 제공한다. **범위**範圍, Range는 산포도를 측정하는 가장 단순한 방법이다. 주어진 자료의 가장 큰 값과 가장 작은 값의 차이로 계산이 가능하다. **사분편차**四分偏差, Quartile Deviation는 대표적인 중간범위이다. 중간범위란 양 극단의 일정한 비율의 자료를 제외한 나머지 자료의 범위를 의미하는 것이다. 제1사분위수는 25%에 해당되며 Q1, 제3사분위수는 75%에 해당되며 Q3이라 표기한다. Q2는 중위수가 된다. **평균편차**平均偏差, Mean Deviation는 범위나 사분편차보다 상세한 정보를 제공한다. 편차란 변량에서 평균을 뺀 값을 의미하는데, 편차의 합은 항상 0인 성질을 갖기 때문에 편차에 절대값을 적용하고 평균을 산출하여 산포도를 파악하는 것이 평균편차이다. **분산**分散, Variance은 편차에 절대값 대신 제곱을 적용하고 평균을 산출한 개념이며, **표준편차**標準偏差, Standard Deviation는 분산의 제곱근이다. **변이계수**變異係數, Coefficient of Variation는 표준편차를 평균으로 나눈 값으로써 측정단위가 서로 상이한 집단의 산포도를 상호비교할 때 사용된다.

10.1.2.3. 비대칭도

비대칭도는 대표치 및 산포도 이외에 분포의 형태가 대칭분포에서 얼마나 벗어나고 있는지를 알아보는 방법이다. **왜도**Skewness는 산술평균과 중앙값의 차이가 표준편차에 비해 얼마나 떨어져 있는가를 나타낸다[2]. **첨도**Kurtosis는 분포의 모양이 얼마나 뾰족한가에 대한 논의이다. 분포의 형태가 뾰족하게 나타날수록 평균을 중심으로 밀집하여 분포되었다는 뜻이다[3].

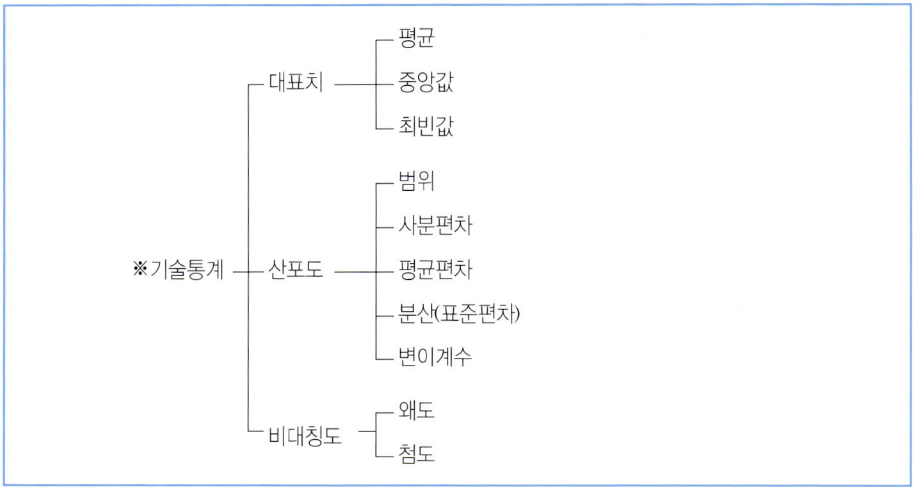

그림 10-3 기술통계의 구성체계

10.1.3. 추론통계inference statistics

추론통계는 모집단에 대한 어떤 미지의 양상을 알기 위해 표본으로부터 추측하는 것이다. 다시 말해, 추론통계는 표본통계량을 이용하여 모수를 추정하거나 표본의 자료에 근거하여 하나 또는 그 이상의 모집단과 관련한 결론을 도출하는 것이다. 추론통계는 모집단의 분포정규분포를 가정할 수 있는지 또는 가정할 수 없는지에 따라 각각 모수적母數的, Parametric 추론과 비모수적非母數的, Non-Parametric 추론으로 구분할 수 있다.

2) 만일 계산된 왜도가 (−)값이라면 왼쪽꼬리분포(오른쪽으로 치우친 분포)이며, 왜도가 (+)값이면 오른쪽꼬리분포(왼쪽으로 치우친 분포)의 형태를 보인다.

3) 첨도의 기준은 3이며, $K = 3$일 때는 표준정규분포와 동일한 분포를 보이며, $K < 3$ 일수록 표준정규분포곡선보다 납작한 형태, $K > 3$ 일수록 뾰족한 형태를 보인다.

10.1.3.1. 모수적 통계기법의 선택

변수는 위치 및 역할에 따라 **독립**=원인**변수**와 **종속**=결과**변수**로 구분되며, **명목척도 및 서열척도로 구성된 변수는 질적변수, 등간척도 및 비율척도로 구성된 변수는 양적변수**로 분류된다. 통계분석방법은 이처럼 독립변수와 종속변수에 양적변수와 질적변수가 어떻게 조합되느냐에 따라 달라진다.

양적인 **종속변수 하나**인 경우는 **일표본 T 검정**One Sample T-test을 이용하며, 사전측정과 사후측정과 같이 완벽하게 1 對 1 매칭이 된 **양적**인 **종속변수**가 **반복적**으로 **등장**할 때는 **대응표본 T 검정**Paired Samples T-test을 활용한다.

질적인 **독립변수**에 **질적**인 **종속변수**의 형태에서는 **교차분석**Crosstabulation Analisys을 실시한다.

질적인 **독립변수**와 **양적**인 **종속변수**의 구성형태에서 성별과 같이 **독립변수의 응답범주가 2개일 경우**에는 **독립표본 T 검정**Independent Samples T-test을, 학력수준처럼 **독립변수의 응답범주가 3개 이상인 경우**에는 **일원분산분석**One-Way ANOVA을 분석에 이용한다[4].

양적인 **독립변수**에 **질적**인 **종속변수**의 형태에서는 **이분형 로지스틱 회귀분석**Binary Logistic Regression을 실시한다[5].

양적인 **변수**와 **양적**인 **종속변수**인 경우는 **상관분석**Correlation Analysis과 **단순회귀분석**Simple Regression Analysis이 이용되며[6], **여러 개의 양적 독립변수**인 경우에는 **다중**,=중다,중 **회귀분석**Multiple Regression Analysis을 적용한다. 한편 때에 따라 회귀분석에 사용할 수 없는 성별과 같은 질적 변수를 회귀분석에 반영해야 하는 경우가 종종 발생한다. 이럴 때는 성별을 **더미**Dummy**변수**로 변경하여 다중**회귀분석**으로 적용한다. 단, 이처럼 더미변수를 회귀분석에 반영할 때는 더미변수와 양적 독립변수 간에 발생하는 상호=교호작용을 반드시 고려해야 한다.

---

4) 비록 사회과학 분야에서는 활용하기가 어렵지만 때에 따라서는 2개의 독립변수에 의한 차이를 비교·검증할 때가 있다. 이런 경우는 원인변수가 2개이므로 **이원분산분석**Two-Ways ANOVA을 실시한다.

5) 다만, 이 경우에 종속변수는 이분형으로 구성되어야 한다.

6) 상관분석에서는 두 변수 간에 독립과 종속이라는 역할관계를 알 수 없을 때 주로 사용한다. 그러나 여기에서는 편의상 독립변수와 종속변수가 구분된 상태로 전제하였다.

10.1.3.2. 非모수적 통계기법의 선택

표본이 정규분포를 따르거나, 표본이 충분히 커서 자연스레 정규분포를 가정할 수 있는 경우는 모수적 추론이 가능하다. 그러나 때에 따라서는 표본의 크기가 작고 정규성을 가정할 수 없을 때도 있다. 이때는 비모수적 기법을 적용하여 통계분석을 실시해야 한다[7]. 비모수적 기법이라 하면 흔히 어렵거나 또 다른 규칙성이 내재되어 있을 것이라고 생각하기 쉽다. 그러나 비모수적 기법 역시 모수적 기법과 마찬가지로 독립변수와 종속변수에 해당되는 변수의 속성에 따라 분석방법이 정해져 있다. 비모수적 기법에서는 주로 **윌콕슨 부호순위 검정**Wilcoxon Signed Rank Test, **맨-휘트니 검정**Mann-Whitney U test, **크루스칼-왈리스 검정**Kruskal-Wallis H test이 쓰인다[8].

사전측정값과 사후측정값의 비교, 즉 대응된 두 표본의 평균을 비교할 때 모수적 기법에서는 **대응표본 T 검정**을 이용한다. 그러나 표본이 작으며[9] 정규성을 만족하지 못할 때는 비모수적 기법의 **윌콕슨 부호순위 검정**을 이용하여 차이를 검증한다.

또한 모수적 기법의 **독립표본 T 검정**을 이용하는 상황에서의 비모수적 기법은 **맨-휘트니 검정**을, **일원분산분석**을 이용하는 상황에서의 비모수적 기법은 **크루스칼-왈리스 검정**을 각각 적용한다.

7) 필자의 경험에 의하면 대부분의 경우, 차이를 비교하면서 비모수적 기법이 활용될 뿐 실무에서 사용되는 비모수적 기법은 극히 제한적이다. 따라서 본 단락에서는 주로 쓰이는 방법만 기술하였다.

8) 이외에도 정규성 검정을 위해 **Kolmogorov-Smirnov 검정**과 **Shaprio-Wilk 검정**이 이용되는데, 주로 쓰이는 방법은 **Kolmogorov-Smirnov 검정**이다.

9) 통상 $n<30$인 경우이다.

독립변수	종속변수	〈모수적 기법〉	〈비모수적 기법〉
	양적변수	One Sample T-test	
	양적(前) / 양적(後)	Paired Samples T-test	Wilcoxon Signed Rank Test
질적변수	질적변수	Crosstabulation Analysis	
질적변수	양적변수	Independent Samples T-test	Mann-Whitney U Test
		One-Way ANOVA	Kruskal-Wallis H test
양적변수	질적변수	Binary Logistic Regression Analysis	
양적변수	양적변수	Correlation Analysis	
		Regression Analysis	

질적변수 명목변수/서열변수 양적변수 등간변수/비율변수

| 그림 10-4 | 추론통계의 구성체계[10)]

10) 각 통계분석기법 중에서 적절한 방법을 선택하는 기본적인 원칙이라고 할 수 있다.

단원 연습문제 10

01 통계분석과 직접적으로 관계가 적은 개념은 무엇인가?

① 유의수준 ② 모집단 ③ 표본
④ 표본설계 ⑤ 추론

02 연구대상의 속성을 기술하는 목적을 지닌 통계분석을 무엇이라 하는가?

① 기술적 통계분석 ② 가설검정
③ 추론적 통계분석 ④ 모수적 기법
⑤ 비모수 통계분석

03 독립변수가 명목척도이고 종속변수 역시 명목척도일 때 적절한 통계분석기법은 무엇이겠는가?

① 회귀분석 ② 교차분석 ③ 요인분석
④ 분산분석 ⑤ 상관분석

04 다음 중 집단의 대표값으로서의 역할을 수행하는 기술통계량은 무엇인가?

① 평균 ② 왜도 ③ 첨도
④ 범위 ⑤ 표준편차

05 기술통계량 중에서 가장 빈번하게 등장하는 값, 즉 출현빈도가 가장 많은 값을 의미하는 것은 무엇인가?

① 평균　② 중위수　③ 사분위수
④ 최빈값　⑤ 변이계수

06 자료의 산포도를 측정하는 기술통계량이 아닌 것은?

① 분산　② 표준편차　③ 첨도
④ 범위　⑤ 평균편차

07 기술통계량의 대표값 중 명목척도로 측정된 변수의 속성을 잘 표현할 수 있는 것은 무엇인가?

① 분산　② 최빈값　③ 왜도
④ 평균　⑤ 중위수

08 다음 중 직급에 따라 직무만족도의 차이를 규명하고자 한다. 어떤 분석기법이 적용될 수 있겠는가?

① 상관분석　② 교차분석　③ 분산분석
④ 회귀분석　⑤ T검정

09 성별에 따른 월평균소득의 차이를 알아보기 위해서는 무슨 분석기법을 이용해야 하는가?

① 판별분석　② 상관관계분석　③ 회귀분석
④ 교차분석　⑤ T검정

10 **등간척도의 독립변수와 비율척도의 종속변수를 이용한 모수적 통계분석기법으로만 연결된 것은 어느 것인가?**

① 교차분석 – 독립표본 T검정
② 상관분석 – 일원분산분석
③ 이원분산분석 – 대응표본 T검정
④ 상관분석 – 회귀분석
⑤ 교차분석 – 회귀분석

chapter 11

보고서 작성

11 보고서 작성

수행된 통계분석 결과는 보고서로 발간되거나 보고자료의 형태로 일반화된다. 만일 학위논문이라면 논문의 형태로 인쇄가 되어 일반에게 공개가 된다. 보고서는 연구용역 발주기관 또는 단체에 따라 정해진 편집규격이 있으므로 이를 잘 지켜야 한다. 출판이 되면 자질구레한 오·탈자에 대한 수정이 불가능하므로 최종 출판 전 가제본 단계에서 여러 명이 돌아가며 원고 교정을 하는 것이 바람직하다.

11.1. 보고서의 원칙

결과보고서는 보고대상에 적합하도록 작성되어야 한다. 또한 문장의 표현은 정확하고 명료하며 간결하게 이루어져야 하며, 통계자료 및 분석결과는 다양한 도표를 활용하며, 때에 따라 그래프를 이용하여 가시성을 높일 수도 있다.

11.2. 보고서의 기본 구조

보고서의 기본 구조는 보편적으로 ① 조사제목, 조사자, 기관이름, 작성일자 등이 명시된 **표지**, ② 목차, 표목차, 그림목차 등의 **목차**, ③ 전체 보고서 내용을 요약 · 정리하여 독자들로 하여금 짧은 시간에 전체 내용을 파악할 수 있도록 돕는 **요약**, ④ 연구의 취지 및 필요성, 연구의 목적 및 가설 등을 다루는 **서론**, ⑤ 가설의 근거가 되는 이론과 선행연구 검토가 이루어지는 **이론적 배경**, ⑥ 조사대상, 조사기간, 자료수집방법, 조사도구, 개념적 준거틀, 자료분석방법 등을 기술한 **연구방법**, ⑦ 자료에 대한 통계분석 결과와 이에 대한 해석을 제시한 **분석결과**본문, ⑧ 분석결과를 간략히 정리하여 이를 근거로 결론을 기술하고, 연구의 한계와 제약 또는 후속연구에 대한 함의점들을 제언을 통해 언급하는 **결론 및 제언**, ⑨ 보고서 집필에 인용하거나 참고한 논문 및 문헌 또는 자료를 명시한 **참고문헌**, ⑩ 설문지 및 다양한 부록자료를 첨부하고 있는 **부록**의 총 10개 단계로 구성된다.

보편적으로 연구보고서는 <표 11−1>과 같이 구성된다.

〈표 11−1〉 **연구보고서의 기본 구조**

표지
목차
요약
- Ⅰ. 서론
  - 1. 연구의 필요성
  - 2. 연구목적 및 가설
- Ⅱ. 이론적 배경
  - 1. 이론적 배경
  - 2. 선행연구의 검토
- Ⅲ. 연구방법
  - 1. 조사대상
  - 2. 조사기간
  - 3. 자료수집방법
  - 4. 조사도구
  - 5. 개념적 준거틀
  - 6. 자료분석방법
- Ⅳ. 분석결과
  - 1. 자료분석결과 및 해석
- Ⅴ. 결론 및 제언
  - 1. 결론
  - 2. 연구의 한계점 및 제언

참고문헌
부록

✓ 통계분석을 수행하였는데 귀무가설이 모두 채택(대립가설이 모두 기각)되는 경우, 연구자는 본인 연구의 방향이 잘못되었는지 매우 당황하게 됨.

⇒ 정확한 연구방법론적 과정을 거쳐 연구가 진행되었다면 설령 모든 대립가설이 기각되었다 해도 연구로서 충분히 의미를 지닌다고 할 수 있음.

⇒ '본 연구에서는 기존의 선행연구와는 상당히 다른 결과를 보이고 있었다....'와 같이 기존 연구와의 결과 비교를 통해 새로운 함의점을 도출하면 그 자체로도 매우 훌륭한 연구결과라 할 수 있음.

✓ '결과'와 '결론'은 분명하게 구별해야 함.

⇒ 논문으로 표현되는 연구성과물의 결론 부분을 작성하며 흔히 하는 실수 중 하나는 '결과'와 '결론'을 혼돈하는 것임.

⇒ 결과(結果)는 실제로 뭔가 실행해 본 것에 의해 최종적으로 알게 된 사실을 지칭하는 반면, 결론(結論)은 맺어서 논하는, 즉 논리적으로 추론해서 알게 된 사실로써, 반드시 연구 전체에 대한 연구자의 해석과 의견이 피력되어야 함.

⇒ 결론 부분을 작성할 때는 우선 단원의 시작 부분에서 연구의 목적과 필요성, 배경 등을 간략하게 제시한 후, 결과를 기술함.

⇒ 결과의 기술은 가설의 검증 결과를 중심으로 '어떤 가설은 채택되었고, 어떤 가설은 기각되었다'라는 식으로 간단하게 요약해야 함.

⇒ 결론을 작성할 때는 선행연구의 결과와 자신의 연구 결과를 비교하여 의미를 더하는 것이 바람직함(㉠ '이는 ○○○(20XX)의 연구에서 나타난 결과와 유사성을 보였는데…' 등).

단원 연습문제 11

01 다음 중 조사보고서의 기본 구조와 포함될 내용의 연결이 틀린 것은?

① 개요 – 조사의 목적, 조사배경, 문제제기, 가설, 연구방법, 조사결과, 결론 등이 포함되어 있는 개략적인 내용
② 서론 – 연구의 취지 및 필요성, 연구의 목적 등
③ 연구방법 – 조사대상, 조사기간, 자료수집방법, 조사도구, 개념적 준거틀, 자료분석방법 등
④ 분석결과 – 이론적 배경, 참고문헌, 부록자료 등
⑤ 결론 및 제언 – 연구의 한계와 제약 또는 후속연구에 대한 함의점 등

02 조사보고서의 작성요령으로 적합하지 않은 것은?

① 보고대상자가 가장 잘 이해할 수 있는 용어, 문체 그리고 형식을 사용해야 한다.
② 조사보고서에 감정적인 표현은 가능한 사용하지 않아야 한다.
③ 자신의 조사결과를 언급할 경우는 현재형을 사용한다.
④ 조사보고서는 간결해야 한다.
⑤ 통계자료분석의 결과는 가능한 분석결과를 그대로 보여주어야 한다.

03 조사보고서에서 연구문제 및 연구의 필요성을 밝히고 연구목적을 명확히 하는 부분은 어느 것인가?

① 개요　　② 서론　　③ 연구방법
④ 분석결과　　⑤ 결론 및 제언

04 조사보고서의 작성에 관한 설명 중 옳지 않은 것은?

① 연구문제, 연구방법, 연구결과, 결론 등을 포함해야 한다.
② 보고서의 내용은 객관적이고 분명하게 표현하도록 노력해야 한다.
③ 연구결과 및 결론의 타당성을 독자들이 평가할 수 있도록 해야 한다.
④ 연구의 중요성을 설득시키려고 노력해야 한다.
⑤ 수록된 정보가 사용하기 편리하도록 작성되어야 한다.

05 조사보고서 작성 시 조사대상자에 대한 윤리문제에 관한 설명으로 바르지 못한 것은?

① 조사대상자가 해명할 수 있도록 전화번호를 명시한다.
② 조사대상자의 신상은 공개하지 않는다.
③ 조사대상자의 응답결과는 공개하지 않는다.
④ 응답결과는 본래의 조사목적 이외의 용도로 활용하지 않는다.
⑤ 조사대상자의 응답내용을 공개해야 할 경우는 익명성을 보장해야 한다.

06 조사보고서의 객관성을 평가하는 기준으로 가장 중요한 것은?

① 능률성 ② 경제성 ③ 재생가능성
④ 명확성 ⑤ 간결성

07 연구보고서의 기본 구조에 대해 설명하여라.

chapter

12

질적 연구 및 내용 분석

12 질적 연구 및 내용 분석

12.1. 질적 연구

질적 연구 Qualitative Research란, 언어, 몸짓, 행동 등 상황과 환경적 요인들을 조사하는 방법을 의미하며, 주로 참여관찰과 면접을 통해 자료를 수집하게 된다. **질적 연구의 특징**은 다섯 가지로 살펴볼 수 있다. 첫째, 양적 연구Quantitative Research가 관찰자와 독립된 객관적인 현상이 존재한다는 관점을 가진 것에 반해 질적 연구는 현상을 관찰하는 행위 자체가 연구대상인 현상에 영향을 준다는 관점을 지닌다. 따라서 조사자와 조사 대상자의 주관적인 인지나 느낌, 해석 등을 모두 정당한 자료로 간주하게 된다. 둘째, 양적 연구는 산출 결과를 중시하지만 질적 연구는 과정에 대해 보다 많은 관심을 갖는다. 셋째, 연구자가 상황에 따라 적절한 방법을 선택할 수 있으므로 양적 연구에 비해 절차가 유연하고 직관적이다. 넷째, 양적 연구는 이론에서 출발하여 경험적으로 검증하는 연역적 방법을 이용하지만 질적 연구는 수집한 경험을 근거로 잠정적인 이론에 도달하는 귀납적 방법을 이용한다. 다섯째, 양적 연구에 비해 일반화에 한계가 있다.

질적 연구에서 활용되는 **방법**은 **민속학적 연구**ethnography research, **현상학적 연구**phenomenology research, **근거이론**grounded theory, **해석학**hermeneutics, **사례연구**case study, **행위연구**action research 등이 있다.

민속학적 연구는 인류학자들에 의해 창안된 방법으로써 문화기술적 연구라고도 한다. 연구문제에 대한 조사를 실시할 수 있는 문화집단 내에 참여하여 관찰과 비구조화된 면접을 통해 자료를 수집하는 방법, 즉 어떤 문화 속에서 생활하는 사람들의 관점에서 문화를 연구하는 것이다. 민속학적 연구는 ① 문제의 정의와 연구목적의 설정 및 사전준비, ② 참여관찰 등을 이용한 자료수집[1], ③ 현장기록 및 분석, ④ 중요한 개념발견과 이론 형성, ⑤ 연구결과 보고 및 이론 제시의 다섯 단계를 거쳐 이루어진다.

현상학적 연구는 의식으로 경험한 현상을 인과적으로 설명하거나 어떤 전제를 가정하지 않고 직접적으로 상세하게 기술하고 검토하여 연구하는 것이다. 현상학적 연구에서는 주로 인터뷰와 대화를 통해 자료를 수집하고 녹화 및 녹음으로 자료를 보관한다.

근거이론은 현실기반이론이라고도 하며, 경험적인 세계를 귀납적인 관찰에 근거하여 새로운 이론이나 개념을 만드는 것이다. 근거이론에서 사용되는 질문은 주로 과정process에 대한 것이다. 주로 대인면접, 참여관찰의 방법으로 자료를 수집하며 자료를 분석하는 과정에서 공통점과 차이점을 찾고자 노력한다. 근거이론을 고안한 Barnery G. Glaser와 A. L. Strauss(1967)는 ① 관심주제 선정, ② 연구목적[2] 결정, ③ 연구대상집단 선택, ④ 연구자료수집, ⑤ 자료의 개방형 코딩, ⑥ 자료의 이론적 코딩, ⑦ 새로운 이론의 개발 등 총 일곱가지 단계로 접근해야 한다고 주장하였다.

해석학은 서적이나 중요문헌에서 의미를 해석해냄으로써 자료를 수집하는 방법이다. 초기 해석학은 성서를 연구하는 종교학자들에 의해 주로 발전되어 왔으나 이후 법, 고전문학 등의 분야에서 해석학이 널리 쓰이고 있다. 해석학에서는 일부와 부분을 의미있게 해석하고 이를 전체와 연결하여 접근하며, 다시 부분으로 돌아가서 일련의 과정을 반복하는 해석적 순환관계hermeneutic circle를 중시한다. 모든 해석은 이전의 해석과 의미있게 연결되며, 만일 기존의 해석이 전체 맥락에서의 이해와 연계되지 않으면 재해석을 시도한다. 이런 과정을 전체를 해석할 때까지 지속적으로 반복하는 것이다[3].

1) 연구자는 연구대상집단에 참여하며 장기간 함께 생활하여 마치 외부에서 사람이 들어오지 않았던 이전처럼 자연스럽게 받아들여진 상황을 만든다. 이런 과정을 '집단에 진입gaining entry'이라고 하며, 이때 비로소 자료를 수집하게 된다.

2) Glaser와 Strauss는 근거이론의 목적을 첫째, 초기 증거의 정확성 평가, 둘째, 경험에 기초한 일반론의 확립, 셋째, 개념의 확인, 넷째, 기존 이론의 검증, 다섯째, 새로운 이론의 형성의 다섯 가지로 정리하였다.

John Lofland(1971)는 사례연구에 대해 '사람, 사건, 조직과정 등을 실제 상황 속에서 연구하는 것'이라고 하였고, W. J. Goode와 P. K. Hatt(1981)는 사례연구란, '연구하려는 사회적 대상의 독특한 성격을 밝히기 위해 관계자료를 조직화하는 연구방법으로써 개인, 가족, 사회집단, 사회적 관계와 과정 및 문화 등 특정 사회적 단위를 하나의 전체as a whole로 파악하는 연구방법'이라고 정의한 바 있다. 따라서 **사례연구**는 개인이나 가족, 집단, 지역사회, 조직 등을 개별단위로 분석하는 것으로써, 소수사례를 하나의 전체로써 심층적이고 종합적으로 연구하는 방법이라 할 수 있다.

행위연구는 Kurt Zadek Lewin(1948)[4]이 사회집단의 실제적인 문제해결 접근방법을 묘사하기 위해 만든 개념이다. D. E. McNabb(2002)는 행위연구란, '사회문제를 보다 잘 이해하고 협동적인 노력을 통해 집단구성원들의 진정한 변화와 개선을 유도해내는 귀납적이고 실제적인 연구형태'라고 정의하였는데, 이로 볼 때, 행위연구는 집단 구성원을 연구과정에 참여시켜 사회집단의 변화를 유도하는 방법이라고 할 수 있다. McNabb는 문제의 확인 및 이해, 문제와 개입 프로그램의 규정, 성과측정방법 개발, 행위계획 집행, 평가, 집단과 조직변화에 대한 반성의 여섯 단계에 걸쳐 행위연구가 진행된다고 밝힌 바 있다.

12.2. 내용 분석

내용분석content analysis은 질적인 내용을 양적 자료로 전환하는 방법으로써, 신문, 서적, TV, 영화, 일기, 녹음 및 녹화테잎 등을 통해 대상자에 대한 자료를 간접적으로 수집하는 기법이다. 내용분석은 일관성 즉, 누구나 동일한 방법을

3) 해석학은 이처럼 분명한 질적인 접근방법이므로 계량화하여 빈도를 중시하는 내용분석context analysis과는 분명한 차이를 보인다.

4) 한편으로, Lewin은 장이론field theory을 주장한 학자로 유명하다. 장이론은 인간의 행동을 개인의 현재 상황, 즉 장場, field과의 관계로 설명하려는 것이다. 장이론에 따르면, 정신현상이나 사회현상은 전체가 하나의 장을 구성하고 있으며, 그 내부는 상호의존적인 관계를 이루고 있다고 보고, 개개의 현상이 생기는 원인을 그 사건 자체보다는 그 사건을 포함하는 전체적인 장에서 찾으려고 노력하였다.

사용할 경우 동일한 결과를 가져올 수 있다는 관점에서 객관화·집계화하는 것이다. 따라서 문서의 내용에 초점을 맞추고 이를 해석하고자 시도하는 해석학의 접근방법과는 차이가 있다고 하겠다.

내용분석의 수행절차를 보면, 첫째, 연구문제를 설정한다. 설정된 연구문제는 예비조사pilot study를 거쳐 실현가능성 및 적합성 등을 검토해야 한다. 둘째, 개념을 정의하고 가설을 설정한다. 연구하고자 하는 내용의 개념들에 대한 정의와 어떤 내용을 검증하고자 하는지 가설을 설정해야 한다. 셋째, 문헌자료의 모집단을 규정한다. 분석대상이 되는 기록 매체물에서 시간, 범위, 내용이라는 측면에서 모집단이 정해져야 한다. 가령 신문이라 하면 발행기간, 신문명, 발행형태 등을 상세하게 규정해야 하는 것이다. 넷째, 문헌자료의 표본을 추출한다. 표본추출은 **7. 표본추출**에서 설명한 모든 원칙들이 적용된다. 표본추출단위는 일관성 유지라는 측면에서 전체 문서로 삼는 것이 좋으나, 그렇지 못한 경우라면 가급적 문장보다는 문단이 바람직하다. 다섯째, 분석내용의 범주와 분석단위를 설정한다. 분석내용의 범주 설정에 따라 연구의 질이 결정되므로 매우 중요한 작업이다. 분석내용의 범주는 주제, 방향[5], 가치[6], 목적과 수단[7]으로 분류할 수 있는데, 통상 주제가 가장 많이 사용된다. 내용분석에서의 분석단위로는 단어, 상징, 주제, 인물, 문장, 문단 등 모든 것이 해당되지만 주의할 점은 소재는 분석단위에 포함시키지 않는다는 것이다. 여섯째, 자료를 코딩하고 신뢰도를 점검한다. 연구보조원을 활용하여 코딩작업을 수행한다면 필연적으로 입력자들 간의 신뢰도를 점검해야 한다. 작업의 경제성 면에서는 본격적인 자료입력을 하기 전에 입력자 간의 신뢰도를 점검하는 것이 효율적이다. 일곱째, 수집된 자료를 분석하고 해석하여 결과보고서를 작성한다.

내용분석의 특징을 살펴보면 다음과 같다. 첫째, 문자로 기록된 여러 가지 매체를 이용하므로 문헌연구의 일종이다. 둘째, 메시지의 현재 내용뿐 아니라

5) 사람의 태도 및 가치의 연구에서 설정되는 범주이다.

6) 메시지의 가치관이나 목적을 분석할 때 해당된다.

7) 메시지의 목적과 목적을 달성하기 위한 수단에 대한 분석이 주 목적일 때의 범주이다.

기록에 내포된 잠재적인 내용 역시 분석대상에 포함된다. 셋째, 과학적 연구방법의 요건인 객관성, 체계성, 일반성을 모두 갖춘 조사방법이다. 넷째, 의사전달의 내용인 단어, 주제, 인물, 문장 및 단락, 사항, 공간 또는 시간 등이 모두 분석대상이 된다. 다섯째, 질적인 분석방법과 양적인 분석방법을 모두 사용한다.

내용분석은 시간 및 비용이 경제적이고, 연구자가 연구대상에게 영향을 미치지 않는 비관여적 연구이기 때문에 조사로 인한 오염이나 친숙도 등이 생기지 않으며, 다양한 심리적인 변수를 측정할 수 있고, 장기간의 내용을 연구할 수 있다는 점 그리고 반복적인 조사가 손쉽다는 **장점**을 지닌다. 반면 기록된 자료에만 한정되므로 자료의 한계가 있고, 측정의 타당도를 확보하기가 어렵다는 **단점**도 간과될 수 없다.[8)]

8) 내용분석은 기록물의 내용적 특성을 근거로 이에 대한 기술은 물론이고 원인이나 결과 및 영향을 체계적으로 추리하는 접근법이라고 할 수 있다. 따라서 현재적 혹은 잠재적 내용에서 적확한 분석대상을 선정하지 못한다면 정확성 즉, 타당도를 확보하기 어려울 수 있는 것이다. 물론 내용분석에서 신뢰도의 확보 역시 간과될 수 없는 매우 어렵고 중요한 사항이다. 그러나, 명확한 수치적 근거가 없는 타당도와 달리 신뢰도, 특히 코더 간 신뢰도(inter-code reliability)에 대해서는 ① 백분율의 일치수준에 따라 신뢰도를 결정하는 Hostile 방식, ② Hostile 방식의 단점을 보완한 Scott's Pi 방식, ③ 두 검사가 얼마나 일치하는가에 대한 Cohen's Kappa계수 계산 방식 등 다양한 방법이 개발되어 신뢰도 확보에 활용되고 있다.

단원 연습문제 12

01 질적 연구의 특징으로 적절하지 않은 것은 어느 것인가?

① 질적 연구는 현실적인 자료에 기반을 두고 이론을 도출한다.
② 질적 연구는 다분히 주관적인 성격을 지닌다.
③ 질적 연구는 보편적으로 귀납적 접근방법을 활용한다.
④ 질적 연구에서는 결과도 중시하지만 과정에 매우 중요한 의미를 부여한다.
⑤ 질적 연구는 계량화를 주 목적으로 현상을 단순화시키고자 노력한다.

02 질적 연구의 특징을 모두 묶은 것은?

가. 구조화된 면접 및 관찰 활용	나. 낮은 일반화 가능성
다. 계량적 분석	라. 개방적 체계

① 가・나・다 ② 가・다 ③ 나・라
④ 라 ⑤ 가・나・다・라

03 내용분석법의 장점에 해당되는 것은?

가. 기존 자료들이 중요한 정보를 제공한다.
나. 실수를 쉽게 보완할 수 있는 안전성이 있다.
다. 다른 연구방법과 함께 사용이 가능하다.
라. 자료의 타당도 확보가 용이하다.

① 가・나・다 ② 가・다 ③ 나・라
④ 라 ⑤ 가・나・다・라

04 다음 중 질적 연구의 방법이 아닌 것은?

① 사례 연구(case study)
② 현상학적 조사(phenomenology research)
③ 현실기반이론(grounded theory)
④ 민속학적 조사(ethnography research)
⑤ 패널조사(panel study)

05 다음 중 민속지학 연구의 설명으로 옳지 않은 것은?

① 연구자가 오랜 기간 동안 한 장소에서 연구대상자와 자연스럽게 함께 거주하면서 관찰하는 방법이다.
② 주로 양적인 연구방법에 기반을 두고 있다.
③ 관찰, 면접, 일지기록, 사진, 녹화 및 녹음 등 다양한 방법을 활용한다.
④ 문화기술적 연구라고도 한다.
⑤ 현지관찰, 심층면접, 사례연구 등을 중복해서 사용한다.

06 다음 중 질적 연구의 한계에 대한 진술 중 틀린 것은?

① 대규모 집단에 대한 정확한 서술을 기대할 수 없다.
② 질적 연구의 결과는 확정적이라기보다는 제안적인 성격이 짙다.
③ 연구자의 주관성이 깊이 관여할 가능성이 높다.
④ 연구대상에 대한 이해의 깊이가 깊지 못하다.
⑤ 일반화의 가능성이 낮다.

07 개인이나 사회의 의사소통 기록물인 신문, 서적, 잡지, TV, 라디오, 영화, 연설, 편지, 일기, 녹음 · 녹화테이프 등을 통해 연구대상물에 대한 자료를 간접적으로 수집하는 방법은?

① 질문지법 ② 내용분석법 ③ 구조화 면접
④ 비구조화 면접 ⑤ 사례연구

08 **내용분석법의 특징으로 틀린 것은?**

① 잠재적인 내용도 때로는 분석대상이 된다.
② 기록된 자료에만 한정되므로 자료에 한계가 있다.
③ 측정의 타당도를 확보하기 어렵다.
④ 장기간의 내용을 연구할 수 있다.
⑤ 한번 수집된 자료는 수정 또는 변경이 불가능하다.

09 **내용분석법에 대한 설명으로 잘못된 것은?**

① 내용분석법의 범주 설정에 있어서는 포괄성과 상호배타성이 확보되어야 한다.
② 내용분석법은 연구대상이 되는 의사소통의 기록물 전체를 분석해야만 한다.
③ 내용분석법은 자료의 타당도를 확보하더라도 실제적인 타당도가 반드시 높다고 보기 힘든 경우가 많다.
④ 내용분석법은 연구대상에 대해 비관여적인 장점을 지닌다.
⑤ 내용분석법은 현재적인 내용뿐 아니라 문맥에 숨어있는 잠재적 내용도 분석에 포함한다.

10 **내용분석의 특징 중 맞는 것은?**

가. 문헌연구의 일종이다.
나. 잠재적인 내용도 때로는 분석대상이 된다.
다. 의사전달의 메시지 자체가 분석의 대상이다.
라. 양적인 분석방법만을 사용한다.

① 가・나・다　② 가・다　③ 나・라
④ 라　⑤ 가・나・다・라

11 내용분석의 의미와 장 · 단점을 설명하여라.

12 TV 드라마에서의 성역할을 내용분석법을 이용하여 살펴보고자 한다. 각 단계별로 구성해 보아라.

chapter 13

욕구조사와 평가

13 욕구조사와 평가[1]

마케팅이나 시장조사 같은 영리분야에서 제품또는 서비스에 대한 만족도는 제품또는 서비스 자체뿐 아니라 기업 이미지에도 큰 영향을 미치며, 나아가 만족의 수준이 높은 대상들은 충성고객으로 전환될 가능성이 높다. 따라서 소비자consumer 혹은 고객customer 만족도는 기업의 사활과 직결되는 명제라고 할 수 있겠고 중요성이 매우 높다고 해도 과언이 아니다.

그렇다면 소비자 혹은 고객의 만족도를 높이기 위해서는 어떤 방법이 있겠는가. 제품또는 서비스 및 기업에 대한 끊임없는 홍보는 물론이고 나아가 사회공헌을 통한 기업 이미지 제고까지 다양한 방법들이 활용될 수 있다. 그러나 가장 직접적인 방법은 무엇보다도 제품또는 서비스에 대한 신뢰를 제공해야 한다는 점이다. 이를 위해서는 제품또는 서비스 자체를 잘 만들어 제공하는 것이 필요하지만 적시성適時性, opportune 또한 매우 중요하다. 적시성은 얼마나 알맞은 때인지에 대한 논의로써, 소비자 혹은 고객이 원하는 바와 실제 제품또는 서비스이 어느 정도 일치되는가에 대한 논의라고 할 수 있다. 아무리 훌륭한 제품또는 서비스이라 하더라도 소비자들이 원하지 않는다면 무용지물이며 가치 또한 낮을 수밖에 없다. 그러므로 제품또는 서비스의 적시성은 매우 중요한 명제이다.

적시성을 파악하는 가장 좋은 방법은 새로운 제품또는 서비스 개발 이전에 소비자들이 어떤 욕구를 가지고 있고 또한 기존의 것에서 어떤 부분이 부족하다고 느끼는지 파악하는 것이다. 이에 맞는 제품또는 서비스을 개발·출시한다면 소

1) 본 단원에서 다루는 욕구조사 및 평가는 이전의 내용과는 다르게 매우 포괄적이고 거시적인 개념으로써, 양적 연구방법은 물론이고 질적 연구방법 및 내용분석법은 모두 욕구조사나 평가에서 활용될 수 있는 미시적이고 구체적인 방법들에 대한 논의인 셈이다. 더불어 본 단원은 사회복지학 전공자들을 위해 추가한 것이다. 따라서 타 학문분야에서 조사방법론을 접근할 때는 반드시 필요한 부분은 아니라고 사료된다.

비자들의 반응은 매우 좋을 것이며 이윤창출에 큰 도움을 줄 것이다. 또 다른 방법으로는 현재 제공 중인 제품또는 서비스의 수준을 점검해 보는 것이다. 이를 통해 개선방향을 살펴볼 수 있으며, 뜻하지 않은 아이디어를 기대할 수 있다. 이처럼 제품또는 서비스의 적시성을 높이기 위해 욕구를 파악하는 방법을 **욕구조사** needs assessment research, 제품또는 서비스의 수준을 점검해 보는 방법을 **평가**evaluation라고 할 수 있을 것이다.

한편 욕구조사와 평가는 이윤을 창출해야 하는 영리부문뿐 아니라 비영리부문에서 매우 중요한 요소이다. 특히 외부로부터 한정된 자원을 동원하여 각종 서비스를 제공하는 사회복지 분야의 경우 자원배분의 적절성에 대한 책무성accountability이 매우 강하게 요구된다. 따라서 적정 서비스의 개발 및 기존 서비스의 보완을 위해 끊임없이 노력해야 한다.

욕구조사는 이를 위해 가장 좋은 방법이 될 수 있다. 우리는 대상자client or customer[2)]의 욕구파악을 통해 한정된 자원 내에서 가장 효율적이고 효과적인 프로그램 개발・제공은 물론이고, 변화되는 지역사회의 욕구수준에 능동적으로 대처할 수 있으며, 나아가 사회복지기관의 효율적・전문적 운영에 대한 도움까지 기대할 수 있다.

이와 함께 프로그램의 형태로 제공되는 서비스들에 대한 평가 역시 중요성이 매우 높다. 대상자client or customer의 욕구를 충분히 반영한 프로그램이라 할지라도 본래의 목적을 어느 정도 달성했는지를 검토해야 한다. 적정한 평가를 통해 현재 진행 중인 프로그램의 지속이나 수정 여부, 혹은 향후에 다시 사용할 때 해결 또는 보완해야 할 문제점이 무엇인지 파악을 해야하는 것이다. 평가는 대상자client or customer에게 보다 좋은 서비스를 제공할 수 있는 효과적이고 효율적인 프로그램을 개발・유지하는 데 주 목적을 두고 있다.

2) 근래 들어, 사회복지분야에서도 대상자를 고객으로 인식해야 한다는 주장이 설득력 있게 대두되고 있다. 따라서 전통적으로 대상자를 지칭하던 client라는 용어와 고객을 뜻하는 customer를 병기하여 사용하고자 한다.

13.1. 욕구조사

13.1.1. 욕구의 개념

보편적으로 **욕구**欲求, needs란 무엇을 얻거나 무슨 일을 하고자 바라는 것으로써, 개인이나 집단이 생존과 성장·발전을 위해 필요한 것을 구하는 상태라고 할 수 있다. 가령, 생존을 위한 의식주, 의료, 소득을 비롯하여 성장·발전을 위한 자유, 쾌적한 환경, 지식, 고용, 사회적 활동 등 다양한 형태의 요구사항들이 해당된다. 만일 개인이 이와 같은 욕구를 가지고 있으면 이는 개인적 욕구personal need가 되며, 집단으로 확대될 경우 이는 사회적 욕구social need가 될 수 있다.

Jonathan Bradshaw(1972)는 사회적 욕구를 **규범적 욕구**normative needs, **인지적 욕구**felt needs, **표현적 욕구**expressed needs, **비교적 욕구**comparative needs의 네 가지 차원으로 구분하였다. 먼저 **규범적 욕구**란 전문가 또는 사회과학자 등이 규정한 것으로써 관습이나 권위, 일반적 여론의 확립된 표준이 욕구이다. 전문가의 견해 차이가 개입될 수 있으므로 절대적일 수 없으며, 정하는 사람에 의해 달라질 수 있다. 또한 관습과 사회적 가치가 달라짐에 따라 기준이 변화될 수 있다. 다음으로 **인지적 욕구**는 느낀 욕구 혹은 체감적 욕구라고도 하며, 당사자에 의해 필요성이 인지되는 욕구를 의미한다. 인지적 욕구는 설문조사나 면접과 같은 조사연구를 통해 파악할 수 있다. 당사자가 느끼는 욕구이기 때문에 개인마다 차이를 보이게 되며, 표본조사일 경우 대표성 문제와 과다 추정의 문제에 주의를 기울여야 한다. **표현적 욕구**는 표출적 욕구 혹은 표현된 욕구로 지칭되기도 하며, 인지적 욕구가 행동으로 표출된 것이다. 욕구를 느낀 당사자의 욕구충족을 위한 노력 정도이기 때문에 대기자 명단과 같이 구체적이고 계량적인 수치의 형태로 나타난다. 단, 인지하지 못하는 서비스는 표현할 수 없고 직접적인 행동으로 표현하지 않는 잠재적 대상자는 무시되며 의사표현에 문제가 있는 경우도 이를 파악하기 쉽지 않다. 마지막으로 **비교적 욕구**는 상대적 욕구라고도 하며, 전문가나 사회과학자 등이 각종 사회지표 또는 다른 지역의 서비스 수준과 비교함으로써 필요성을 파악하는 것이다. 비교집단 선정의 대표성 문제와 간접적인 파악이기 때문에 실제 욕구와 차이가 존재할 가능성이 많다[3].

13.1.2. 욕구조사의 개념 및 필요성

욕구조사란, 한정된 지역 안에서 사람들의 욕구수준을 확인해내고, 이를 수량화하는 방법이다. McKillip(1998)이 언급한 것처럼 욕구조사는 '자원배분과 프로그램의 기획 및 프로그램 개발을 위한 의사결정 도구'로 활용되며, 어떤 정보를 파악하려는 목적의 기초적 조사와 달리 특정 프로그램의 형태로 제공되는 서비스에 대한 의사결정 도구이다.

욕구조사의 필요성은 첫째, 실증적 방법을 통한 정보의 획득 및 객관성 확보, 둘째, 이용자 중심의 프로그램 개발, 셋째, 체계적이고 전문적인 서비스 제공기관 운영 및 자원의 효율적 배분, 넷째, 환경변화에 대한 적극적 대응, 다섯째, 정보의 공유와 홍보 및 참여의 기회 제공 등 다섯 가지를 들 수 있다.

13.1.3. 욕구조사의 접근법

Gates(1980)에 의하면, **욕구조사의 접근법**으로는 **대상자 중심적**client-oriented **욕구조사, 서비스 중심적**service-oriented **욕구조사, 지역사회 중심적**community-oriented **욕구조사**의 세 가지로 나누어 살펴볼 수 있다. 먼저 **대상자 중심적 욕구조사**는 특정 인구집단을 대상으로 서비스를 제공하거나 프로그램을 운영하는 주체에 의해 실시되는 것이다. 특정 인구집단을 규정한 후 그 집단 내에 내재된 문제를 발견하고 이를 해결하기 위해 제공되어야 할 서비스의 수준을 결정하게 된다. 다음으로

3) A. H. Maslow(1954)는 인간의 개인적 욕구를 다섯 단계로 분류하였다. 먼저 **생리적 욕구**physiological needs이다. 이는 인간의 가장 기본적이고 강하며 분명한 욕구이다. 의식주 및 생존과 관련된 욕구가 해당된다. 두 번째로는 **안전의 욕구**safety needs이다. 신체적인 안정과 외부의 위험으로부터 안전을 추구하는 욕구이다. 세 번째는 **소속과 애정의 욕구**belongingness and love needs이다. 타인과 애정관계를 형성하고 집단에 소속되어 관계하며 정서적인 만족을 얻고 싶어하는 욕구이다. 네 번째로는 **존중의 욕구**esteem needs이다. 다른 사람에게 인정 및 존중을 받고 싶은 욕구로써 충족되면 자신감이 생기지만 결핍되면 열등감을 느끼게 된다. 마지막으로 **자아실현의 욕구**self-actualization needs이다. 잠재적인 능력에 대한 실현욕구로써 하위 네 가지가 모두 충족된 후 일어나며, 가장 상위 차원의 욕구이다. 또한 Clayton P. Alderfer(1972)는 욕구와 관련하여 ERG이론을 주장하였는데, E는 의식주와 관련된 생리적 욕구 및 소득 등의 물질적 욕구를 뜻하는 **존재의 욕구**Existence needs, R은 가족을 비롯한 타인과의 관계에 관한 **관계의 욕구**Relatedness needs, G는 자신의 능력을 최대로 발휘하고 새로운 능력개발을 필요로 하는 직종에 종사함으로써 충족시킬 수 있는 **성장의 욕구**Growth needs를 각각 의미한다.

서비스 중심적 욕구조사는 특정한 서비스를 제공하는 기관에 의해 실시되는 욕구조사이다. 이는 시설과 인력 면에서 기본적인 인프라가 구축되어 있는 상황에서 문제의 여지가 있는 표적집단으로부터 욕구와 문제의 유형 및 심각성 등을 조사하여 서비스의 수준과 종류를 정하는 형태이다. 마지막으로 **지역사회 중심적 욕구조사**는 수혜자 중심적 욕구조사와 서비스 중심적 욕구조사의 통합형태라고 할 수 있다.

13.1.4. 욕구조사의 방법

욕구조사의 방법은 크게 **1차자료수집법**primary data collection methods, **탐색적 방법**exploratory methods, **2차자료분석법**secondary data analysis methods, **통합적 방법**unitive methods으로 나누어 살펴볼 수 있을 것이다.

13.1.4.1. 탐색적 방법

탐색적 방법은 기초 지식의 체계화가 빈약하고 지침이 될 만한 경험이 부족한 상태에서 욕구파악을 시도하는 방법이라고 할 수 있다. 대표적으로 공청회forum를 들 수 있다. 이는 지역 내 거주민들이 참여할 수 있는 공개적인 토론회 또는 모임을 개최하고 여기에 참여한 주민들로부터 의견을 수집하는 방법이다. 당사자들이 직접 자신들의 욕구를 발표할 수 있다는 점에서 긍정적이나 자발적인 참여에 의존하므로 관심있는 소수의 사람들의 주도적인 의견 개진으로 인해 정확한 파악이 어려울 수 있다. 이외에도 **5. 조사설계**의 **5.1. 탐색적 조사설계**에서 살펴본 델파이기법과 표적집단면접법 등을 활용할 수 있다.

13.1.4.2. 1차자료수집법

욕구조사에서 **1차자료수집법**은 질문지나 면접을 통해 자료를 수집하는 방법이다. 일반집단조사, 표적집단조사, 주요 정보제공자조사, 서비스제공자조사로 분류할 수 있는데, 먼저 일반집단조사는 대상지역의 주민들로부터 추출된 표본에 대해 자료를 수집하는 것이다. 다음으로 표적집단조사는 일반인구 중에서 아동이나 여성, 혹은 장애인이나 노인과 같은 표적이 되는 특정 계층 사람들을 대상으로 자료를 수집하는 것이다. 주요 정보제공자조사는 지역 내 문제를 잘 알고 있다고 사료되는 사람들[4]로부터 자료를 수집하는 것이다. 마지막으로 서비스제공자조사는 현재 서비스를 제공하는 사람들로부터 지역사회의 문제나 욕구를 파악하는 것이다. 서베이 방법은 **9. 자료수집**에서 다룬 다양한 자료수집방법을 활용할 수 있다.

13.1.4.3. 2차자료분석법

2차자료분석법은 직접 자료를 수집하는 것이 아니라 기존의 자료를 통해 간접적으로 욕구를 파악하는 방법이다. 정부 혹은 연구기관의 정기적·비정기적 발표자료를 활용하여 지역사회의 욕구를 파악하는 **사회지표분석**[5]과 협회 및 연구소 등 사회단체에서 행정 및 관리를 위해 수집한 자료를 이용하는 방법인 **행정자료 조사**로 나눌 수 있다.

13.1.4.4. 통합적 방법

통합적 방법은 다양한 방법으로 수집된 욕구조사 결과를 종합적으로 고려하고 이를 근거로 욕구를 파악하는 것이다. 다양한 각도로 지역 내 욕구를 조명해 볼 수 있다는 점에서 신뢰도나 타당도를 보장할 수 있으나, 장기간에 걸친 다양한 조사 후 이를 종합적으로 재분석하는 등 오랜 시간이 소요되므로 적시성과 시급성 면에서는 불리한 방법이다. 이와 함께 각각의 방법에 의한 조사결과가 서로 상충되는 부분이 발생할 경우 의사결정에 제약을 받을 수 있다.

---

4) 대표적으로 지역사회의 종교지도자, 정치적 지도자, 행정관료, 지역사회 유지, 인접 직종의 전문직 종사자 등이 주요 정보제공자라고 할 수 있다.

5) 사회지표는 일정한 지역이나 대상집단의 생활상태나 문제에 대해 공신력 있는 기관에서 발표한 통계자료이므로 이를 통해 간접적으로 욕구를 파악할 수 있다. 대표적인 사회지표로는 5년마다 수행되는 인구주택총조사이다. 인구밀도는 물론이고 연령, 소득, 직업종류, 주거형태, 거주기간 등 다양한 특성들이 조사되는 국가기본통계조사로써 비교적 공신력이 높은 사회지표라고 할 수 있다.

- ※ 욕구조사방법
  - 탐색적 방법
    - 공청회
    - 델파이
    - 표적집단면접법
  - 1차자료수집법
    - 일반집단조사
    - 표적집단조사
    - 주요 정보제공자조사
    - 서비스제공자조사
  - 2차자료분석법
    - 사회지표분석
    - 행정자료분석
  - 통합적 방법

┃그림 13-1┃ 욕구조사방법의 구성체계

13.2. 평 가

13.2.1. 평가의 개념 및 목적

평가評價, evaluation란, 가치나 수준 따위를 평하는 것, 즉 사람이나 집단 혹은 조직이 달성한 성과가 미리 정해놓은 목표나 기준과 비교하여 어느 정도 성취하였는지를 측정하여 분석하는 과정이라고 할 수 있다. 사회복지분야에서의 평가는 크게 기관에 대한 평가[6]와 프로그램에 대한 평가로 나눌 수 있는데, 통상 평가evaluation 혹은 평가조사evaluation research라고 하면 프로그램에 대한 평가를 지칭한다.

사회복지분야에서의 평가는 사회복지실천의 목적과 목표의 달성 정도를 결정하며, 동시에 목적 및 목표 성취를 위해 사용된 수단의 적합성을 심사하는 과정으로써, 실천가와 대상자client or customer가 개입방법을 검토하여 개입이

6) 기관에 대한 평가는 흔히 사회복지시설평가로 지칭될 수 있는데, 지난 1999년 이래로 사회복지사업법 제43조와 동법 시행규칙 제27조에 의거, 매 3년마다 1회 이상 '입소정원의 적정성', '종사자의 전문성', '시설의 환경', '시설거주자에 대한 서비스 만족도' 등의 항목에 대해 의무적으로 평가를 수행하고 있다.

대상자client or customer의 문제상황에 끼치는 영향을 측정하는 연속된 과정이라 할 수 있다.

평가의 목적으로는 첫째, 프로그램의 목표달성 여부를 알려주는 것, 즉 평가결과의 환류가 해당된다. 프로그램이 목표달성에 얼마나 효과적이고 효율적으로 작용했는지를 판단할 수 있는 정보를 제공해줌으로써, 해당 프로그램의 지속 및 중단, 축소 및 확대에 대한 의사결정을 돕는다. 둘째, 평가는 자원의 사용 및 대상자client or customer에 대한 책임성을 입증하는 데 유용하다. 한정적인 외부자원을 동원하여 서비스를 제공하기에 자원 공급자는 자원의 활용에 높은 관심을 갖게 된다. 평가를 통해 자원 사용의 책임성을 증명할 수 있다. 셋째, 평가를 통해 실천과정에 대한 모니터링을 실시한다. 프로그램의 문제점을 파악하여 개선방안을 모색할 수 있으며, 유용한 프로그램을 선별할 수 있는 근거가 된다. 넷째, 평가는 이론 또는 지식 형성의 도구가 될 수 있다. 양적 혹은 질적 연구방법을 이용한 경험적 관찰로 인과관계를 측정하므로 새로운 이론이나 지식을 창조하는 데 훌륭한 도구가 된다.

13.2.2. 평가의 절차

평가의 절차에 대해서는 학자마다 적게는 세 단계에서 많게는 여덟 단계까지 폭넓게 논의되고 있다.

먼저 **정무성 · 정진모**(2001)는 평가의 절차를 ① 평가목적 확인, ② 평가목표 진술, ③ 평가설계 선정, ④ 평가도구 선택, ⑤ 평가자료 수집, ⑥ 평가결과 분석, ⑦ 평가결과 보고, ⑧ 평가결과 활용의 총 8단계로 설명한 바 있다.

다음으로 **김통원**(2003)은 ① 평가의 범위설정, ② 평가수행 계획수립, ③ 자료수집 및 분석, ④ 평가보고서 작성, ⑤ 평가결과 활용의 총 다섯 단계에 걸쳐 평가가 진행된다고 하였다.

또한 **황성철**(2009)은 ① 평가기획 및 설계단계, ② 자료수집 및 분석단계, ③ 결과판단과 활용의 단계의 세 단계로 평가의 절차를 확인하였다.

한편 A. Rubin과 E. Babbie(2001)는 다음의 여섯 단계로 평가의 절차를 구분하였는데, ① 개념화conceptualization, ② 측정measurement, ③ 표본추출sampling, ④ 설계design, ⑤ 자료수집data collection, ⑥ 자료분석과 제출data analysis and presentation이다.

13.2.3. 평가의 분류

평가의 유형을 구분하는 방식은 **평가목적**과 **평가주체**별로 살펴볼 수 있다[7].

13.2.3.1. 평가목적별 분류

평가를 사용목적에 따라 분류한다면 **총괄평가**summative evaluation와 **형성평가**formative evaluation로 구분할 수 있다[8].

먼저 **총괄평가**는 프로그램의 결과 및 효과를 측정하여 총체적인 판단을 내리기 위한 목적을 지닌다. 총괄평가는 대부분의 경우 프로그램을 종료한 후 주로 연역적 방법을 활용하여 시행하며, 목표지향적objective-oriented인 성격을 지닌다. 총괄평가는 ① 기관의 사명goal or mission은 무엇인가, ② 프로그램의 목적goal과 목표objectives는 무엇인가, ③ 프로그램이 목표를 달성했음을 무엇을 통해 결정하는가, ④ 대상자client or customer의 목표는 달성되었는가, ⑤ 평가자료의 활용은 어떻게 할 것인가의 다섯 단계에 걸쳐 이루어진다.

총괄평가는 프로그램이 의도한 대로 목표를 달성했는지를 평가하는 **효과성 평가**effectiveness evaluation와, 투입된 비용과 비교하여 효과가 어느 정도인지, 즉 투입비용의 적절성을 측정하는 **효율성 평가**efficiency evaluation로 분류할 수 있다. 효과성 평가는 실험설계를 이용하여 시행하며, 효율성 평가는 비용편익분석cost-benefit analysis[9] 및 비용효과분석cost-effectiveness analysis[10] 등으로 실시한다.

---

7) 통상 **평가목적, 평가규범, 평가주체**의 세 관점에서 분류하기도 하는데, 평가규범별 분류체계의 효과성 평가와 효율성 평가는 평가목적별 분류에서 논의되는 총괄평가의 하위개념이라고 볼 수 있다.

8) 이외에도 학자에 따라 통합평가를 논의하기도 하는 이는 총괄평가와 형성평가를 합친 형태를 뜻한다.

9) 비용편익분석은 각 정책대안의 비용과 편익을 비교·평가하여 최선의 선택을 할 수 있게 도와주는 기법으로써, 투입비용과 산출편익을 모두 화폐단위로 환산하여 비교를 수행한다. 산출물의 효과를 화폐단위로 환산할 수 없는 현실적인 제약이 뒤따른다. 이와 관련해서는 '정책분석론' 또는 '정책평가론' 등 관련서적을 참고하기 바란다.

10) 비용효율성분석費用對效率性分析이라고도 한다. 산출물의 화폐단위로 환산하기 어렵다는 비용편익분석의 한계로 인해 구상된 정책분석기법이다. 비용편익분석과 마찬가지로 관련서적을 참고하기 바란다.

다음으로 **형성평가**는 과정중심적process-oriented 평가로써, 프로그램 진행 도중에 과정상의 문제점을 찾아내고 이를 수정·보완하기 위한 목적을 지닌다. 형성평가는 주로 귀납적인 방법에 의해 이루어지며, 모니터링monitoring과 환류feedback를 중요시한다. 형성평가는 보편적으로 ① 프로그램 운영에 문제가 되는 사항은 무엇이며, 문제에 관심을 가진 사람은 누구인가, ② 필요한 정보는 어떤 방법과 어떤 경로로 수집하는가, ③ 수집된 정보의 질은 어떤 수준인가, ④ 정보수집 및 보고자는 누구인가의 네 단계를 거쳐 진행된다.

13.2.3.2. 평가주체별 분류

평가주체에 따라서는 **내부평가**inside evaluation와 **외부평가**outside evaluation로 분류할 수 있다.

내부평가는 프로그램을 결정하거나 집행을 담당하는 사람 혹은 조직 내 다른 구성원들이 수행하는 평가형태이다. 이는 조직의 자체평가라고 할 수 있으며, 조직 내 의사결정을 위한 자료로써 평가결과를 활용한다. 내부평가의 장점은 프로그램 제공기관 및 프로그램에 대한 내용을 자세히 알고 있기 때문에 자료에 대한 접근이 용이하며 타당도 있는 평가가 될 수 있고, 시간과 비용이 절감될 수 있다는 것이다. 반면 형식적인 평가로 전락하거나 주관적인 평가가 될 여지가 있고 정당성에 대한 공격의 여지가 있다는 단점을 지닌다.

외부평가는 외부자에 의한 평가를 말한다. 즉, 프로그램을 담당한 기관에 속한 사람이 아닌 외부로부터 전문가를 평가주체로 참여시키는 것이다. 평가의 객관성과 신뢰성을 확보하기 위해서는 조직내 구성원과 평가자 간의 협조가 매우 중요하다. 내부평가와 달리 외부의 전문가에 의한 평가이므로 객관성과 정당성 및 공정성에 대한 기대를 할 수 있으나, 경직된 분위기 속에서 평가에 대한 참여율이 낮아질 수 있고 외부에 공개할 수 있는 제한된 자료로만 평가를 해야 하며, 평가결과에 대한 정서적 거부감이 들 수 있다는 단점을 고려해야 한다.

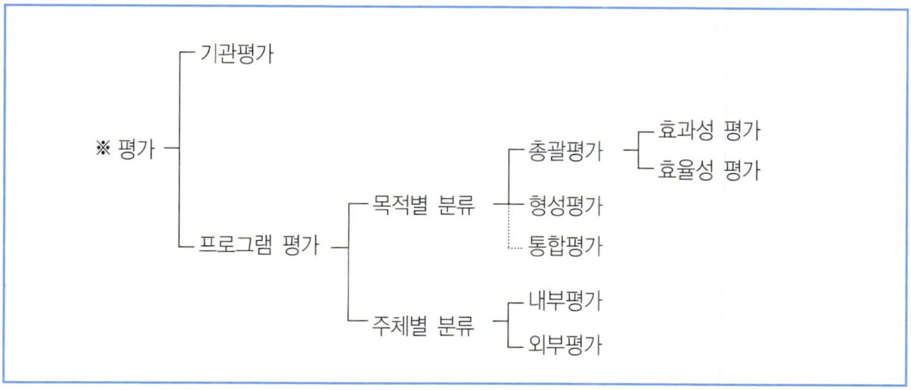

| 그림 13-2 | 평가의 구성체계

단원 연습문제 13

01 매슬로우의 욕구를 하위수준에서부터 상위수준까지 바르게 연결된 것은?

① 생리적 욕구 – 안전의 욕구 – 소속과 애정의 욕구 – 존중의 욕구 – 자아실현의 욕구
② 생리적 욕구 – 존중의 욕구 – 안전의 욕구 – 소속과 애정의 욕구 – 자아실현의 욕구
③ 자아실현의 욕구 – 소속과 애정의 욕구 – 존중의 욕구 – 안전의 욕구 – 생리적 욕구
④ 안전의 욕구 – 생리적 욕구 – 존중의 욕구 – 소속과 애정의 욕구 – 자아실현의 욕구
⑤ 존중의 욕구 – 생리적 욕구 – 안전의 욕구 – 자아실현의 욕구 – 소속과 애정의 욕구

02 치매노인들에게 위치를 알 수 있도록 위치파악 팔찌를 착용시켜준다면 이는 매슬로우의 욕구구분에서 무엇에 해당되는가?

① 생리적 욕구
② 안전의 욕구
③ 소속과 애정의 욕구
④ 존중의 욕구
⑤ 자아실현의 욕구

03 브래드 쇼의 욕구기준에 따른 유형구분에 속하지 않는 것은?

① 규범적 욕구
② 인지적 욕구
③ 표현적 욕구
④ 감정적 욕구
⑤ 비교적 욕구

04 **국민기초생활제도에 의한 최저생계비가 빈곤한 상태에 대한 전문가들의 의견에 의해 책정된다고 할 때, 이는 브래드쇼의 욕구종류 중 무엇에 해당되겠는가?**

① 규범적 욕구　　② 인지적 욕구
③ 표현적 욕구　　④ 감정적 욕구
⑤ 비교적 욕구

05 **다음은 욕구조사의 자료수집방법 중 무엇에 해당되는가?**

지역주민들이 모두 참여할 수 있는 공식적인 모임을 개최하고, 이 모임에서 논의되는 내용을 수렴하여 지역의 욕구나 문제를 파악하는 방법

① 서베이　　② 공청회
③ 델파이　　④ 표적집단면접
⑤ 2차자료분석

06 **욕구조사의 필요성 또는 설명으로 적절하지 않은 것은?**

① 욕구조사란, 한정된 지역 안에서 사람들의 욕구수준을 확인해내고, 이를 수량화하는 방법이다.
② 욕구조사는 실증적 방법을 통한 정보의 획득 및 객관성 확보라는 측면에서 필요한 방법이다.
③ 욕구조사는 자원 배분과 프로그램의 기획 및 프로그램 개발을 위한 의사결정 도구로 활용된다.
④ 욕구조사는 어떤 정보를 파악하려는 목적의 기초적 조사와 달리 특정 서비스에 대한 의사결정 도구라고 할 수 있다.
⑤ 욕구조사는 현재 제공 중인 서비스에 대해 당위성을 옹호하고 필요성을 강조하기 위해 사용된다.

07 프로그램에 대한 평가의 한 종류로써 프로그램의 개발이나 개선을 위해 진행 도중에 실시하는 평가는 무엇인가?

① 형성평가 ② 총괄평가 ③ 메타평가
④ 사전평가 ⑤ 중간평가

08 다음은 목적별 평가유형 구분 중 총괄평가에 대한 설명이다. 빈 칸에 들어갈 용어로만 연결된 것은?

> 총괄평가는 프로그램이 의도한 대로 목표를 달성했는지를 평가하는 ( ) 평가와, 투입된 비용과 비교하여 효과가 어느 정도인지, 즉 투입 비용의 적절성을 측정하는 ( ) 평가로 분류할 수 있다.

① 효율성 – 효과성 ② 효과성 – 효율성
③ 형평성 – 적절성 ④ 객관성 – 효과성
⑤ 효율성 – 공평성

09 다음 중 투입과 산출의 비율에 근거한 평가기법은 무엇인가?

① 공평성 평가 ② 효과성 평가
③ 적절성 평가 ④ 효율성 평가
⑤ 객관성 평가

10 평가의 목적에 해당되지 않는 것은?

① 프로그램의 지속 및 중단, 축소 및 확대에 대한 의사결정을 돕는 피드백 제공
② 자원의 사용에 대한 책임성 입증
③ 프로그램의 문제점 파악과 개선방안 모색을 위한 실천과정의 모니터링
④ 이론 또는 지식 형성의 도구
⑤ 예산 및 행정의 통제

11 다음 중 평가에 대한 각 설명 중 옳은 것은?

> 가. 효과성 평가 – 투입과 산출의 비율
> 나. 효율성 평가 – 목표달성 여부
> 다. 총괄평가 – 프로그램 진행 중에 실시
> 라. 만족도 평가 – 주관성의 문제 발생 가능

① 가, 나, 다　　② 가, 다　　③ 나, 다
④ 라　　⑤ 가, 나, 다, 라

12 브래드쇼(Bradshow)가 구분한 욕구의 종류에 대해 설명하여라.

13 총괄평가와 형성평가의 개념에 대해 약술하여라.

단원 연습문제 해답

단원 연습문제 해답[1)]

단원 연습문제 1

◀ 객관식 해답 ▶

번 호	1	2	3	4	5	6	7	8	9	10	11				
해 답	④	④	⑤	②	③	④	③	①	②	④	①				

◀ 주관식 해답 ▶

번 호	해 답
12	첫째, 기술이다. 이는 개인이나 사회의 현상에 대한 어떤 사실들에 대해 일반적인 수준에서 요약하여 기록함으로써 현상 그 자체의 속성을 있는 그대로 묘사하는 것이다. 둘째, 설명이다. 현상의 원인에 대해 분석하여 인과관계를 밝히는 것이다. 설명이란 '왜'에 대한 물음에 대답하는 것, 즉 자신이 관심을 갖는 문제 또는 상황에 대해 단순히 기술하는 수준을 넘어 그 문제나 상황이 왜 발생했는가에 대한 원인 또는 이유를 밝히는 것이다. 다시 말해서, 현상이 무엇인가를 밝히는 것이 기술이라면, 현상이 왜 발생했는지를 밝히는 것은 설명이라 할 수 있다. 셋째, 예측이다. 원인이 되는 현상을 통하여 결과현상을 예상하는 것이다. 사회과학에서 예측이란 관찰에 의해 입증될 수 있는 미래의 특정한 사회적 행태 측면에 관한 예상이나 기대를 말한다. 어떤 현상의 원인을 알고 있다면 그 원인과 관련된 현재의 상태가 어떤지를 파악함으로써 미래가 어떻게 될 것인지를 예측이 가능하다.

1) 문제에 대한 답안은 바른 정(正)을 쓰지 않고 풀이할 해(解)를 사용하였다. 이는 저자라면 응당 이렇게 풀이할 것이라는 일종의 제안임을 밝히기 위함이다.

단원 연습문제 2

◀ 객관식 해답 ▶

번 호	1	2	3	4	5	6	7	8	9	10					
해 답	⑤	④	②	④	④	③	①	②	①	①					

◀ 주관식 해답 ▶

번 호	해 답
11	첫째, 생태학적 오류란, 집단수준의 연구를 개인수준에 일반화시킴으로써 발생되는 오류로써, 기독교 문화권의 경제수준을 조사하여 도출된 결과를 근거로, 기독교를 믿으면 잘산다고 일반화하는 경우가 대표적이다. 둘째, 개인주의적 오류란, 개인수준의 연구를 집단수준에 일반화시킬 때 발생하는 오류로써, 대표적으로 민주주의적 가치에 동의하는 개인의 비율을 근거로 그 국가의 정치체제의 민주화를 나타내는 지표로 사용하는 경우가 대표적인 예라 할 수 있다.
12	분석단위란, 연구자가 그 속성 또는 특징에 관한 자료를 수집하고, 기술·설명하고자 하는 사람이나 사물, 즉 자료수집이 이루어지는 단위로써 개인, 가족과 같은 집단, 정책평가의 대상인 프로그램, 학교, 회사, 지방정부, 국가 등 조직과 단체 및 사회적 현상 등이 해당된다.

단원 연습문제 3

◀ 객관식 해답 ▶

번 호	1	2												
해 답	①	⑤												

◀ 주관식 해답 ▶

번 호	해 답
3	연구문제에 대한 정보나 지식이 없을 경우, 발견하고 변수를 규명하며, 가설의 도출을 위해 실시하는 조사로써 주로 본 조사를 위한 예비적 조사의 개념이라 할 수 있다. 주로 개방형 질문지를 이용하여 비구조적 조사인 탐색조사, 또는 각종 문헌을 이용한 문헌조사, 전문가 조사, 경험자 조사, 사례조사, 현지조사 등으로 이루어진다.

단원 연습문제 4

◀ 객관식 해답 ▶

번 호	1	2	3	4	5	6	7	8	9	10	11	12	13	14	15
해 답	④	②	③	②	⑤	①	②	⑤	④	③	④	①	④	②	⑤
번 호	16	17	18	19	20	21									
해 답	②	④	①	③	①	④									

◀ 주관식 해답 ▶

번 호	해 답
21	첫째, 외재적 변수(extraneous variable)는 허위변수라고도 하며, 독립변수와 종속변수의 관계가 표면적으로는 인과적 관계에 있는 것처럼 보이지만, 실제로는 두 변수가 우연히 어떤 변수와 연결됨으로써 관계가 있는 것처럼 보이게 하는 제3의 변수이다. 둘째, 매개변수(intervening variable)는 독립변수와 종속변수의 사이에서 독립변수의 결과인 동시에 종속변수의 원인이 되는 변수를 뜻한다. 셋째, 억제변수(suppressor variable)는 두 변수 X, Y가 서로 관계가 있는데도 관계없는 것으로 나타나게 하는 제3의 변수를 의미한다. 넷째, 선행변수(antecedent variable)로써 이는 인과관계에서 독립변수에 앞서면서 독립변수에 대해 유효한 영향력을 행사하는 변수이다.

단원 연습문제 5

◀ 객관식 해답 ▶

번 호	1	2	3	4	5	6	7	8	9	10	11	12	13	14	15
해 답	⑤	②	②	①	⑤	①	④	④	⑤	①	②	③	②	①	④
번 호	16	17	18	19	20	21	22								
해 답	⑤	②	⑤	③	②	②	①								

◀ 주관식 해답 ▶

번 호	해 답
23	코호트 연구와 패널연구의 공통점은 특정 응답집단을 구성하여 이들을 대상으로 동일한 조사내용을 주기적·반복적으로 조사하여 시간의 흐름에 따른 변화를 추정한다는 점이다. 반면 두 연구방법은 표본의 포괄성 면에서 차이점이 발생한다. 패널연구의 응답집단은 대표성을 높이기 위해 일련의 표본설계를 통해 선별되지만, 코호트연구에서는 어떤 한정된 부분 모집단의 변화를 연구하는 방법이므로 특정한 동기생집단을 표본으로 한다.
24	인과관계란, 독립변수의 변화에 따라 종속변수에 변화가 일정한 방향으로 일어나는 것을 뜻하며, 인과관계의 조건으로는 ① 원인이 되는 사건이나 현상은 시간적으로 결과보다 먼저 발생해야 하고(시간적 우선순위 조건), ② 원인이 되는 현상이 변화하면 결과적인 현상도 항상 같이 변화해야 하며(공동변화 조건), ③ 비허위적 관계, 즉 허위변수, 억제변수, 혼란변수, 왜곡변수와 같은 외생변수(제3의 변수)가 통제되어야 한다.
25	진실험설계의 종류로는 첫째, 통제집단사전사후측정설계가 있다. 이는 고전적 설계라고도 하는데, 무작위할당을 통해 실험집단과 통제집단을 구성하고 두 집단을 대상으로 사전측정을 실시한다. 이후 실험집단에만 실험처치를 가한 후, 두 집단에 대해 사후측정을 실시하여 변화를 비교·관찰하는 방법이다. 둘째, 통제집단사후측정설계가 있다. 이 방법은 사전측정과 사후측정 간의 실험의 반복으로 인한 시험효과의 개입 방지 또는 여건상 사전측정이 불가능할 경우에 이용된다. 사전의 상태를 측정하지 않기 때문에 실험집단과 통제집단의 동일성을 확언하기 쉽지 않은 실험설계이다. 셋째, 솔로몬 4집단 설계가 있다. 통제집단사전사후측정설계와 통제집단사후측정설계를 합한 형태이다. 내적 타당도의 정확성이 매우 높지만 반면 외적 타당도는 상대적으로 낮다. 또한 시간과 비용 면에서 비경제적이므로 현실성이 다소 결여된 실험설계이다.

단원 연습문제 6

◀ 객관식 해답 ▶

번 호	1	2	3	4	5	6	7	8	9	10	11	12	13	14	15
해 답	④	⑤	③	②	①	③	⑤	②	③	②	⑤	②	②	①	①
번 호	16	17	18	19	20	21	22	23	24	25	26	27	28	29	30
해 답	⑤	①	④	③	②	④	⑤	①	③	⑤	②	①	③	①	①
번 호	31	32	33	34	35	36	37	38	39	40	41	42	43	44	45
해 답	③	②	⑤	①	⑤	②	③	①	⑤	④	④	③	①	②	⑤

◀ 주관식 해답 ▶

번 호	해 답
46	첫째, 명목척도는 대상의 특성을 분류하거나 확인할 목적으로 숫자를 부여하며, 부여된 숫자는 구분의 목적 외에는 아무 의미를 지니지 못한다. 대표적으로 성별, 주민번호 등이 있다. 둘째, 서열척도는 측정대상 간의 순서관계를 밝혀주는 척도로써, 측정대상의 특정한 속성으로 판단하여 측정대상 간에 대소나 높고 낮음 등의 순위를 부여해 주는 척도. 수치 자체가 어떤 절대적인 수나 양, 크기 등을 나타내지는 않는다. 순위(1위, 2위, 3위), 선호도(1순위, 2순위, 3순위) 등이 해당된다. 셋째, 등간척도는 속성에 대한 순위를 부여하되 순위 사이의 간격이 동일한 척도로써, 절대 원점은 없다. 사회과학적 조사연구의 태도 측정 분야에서 등간척도로 공인된 것은 거의 없기에 엄밀한 의미에서 서열척도인 자료를 등간척도로 취급(대표적으로 리커드 척도)한다. 대표적으로 IQ, 주가지수, 온도 등이 있다. 넷째, 비율척도는 등간척도가 갖는 특성에 추가적으로 측정값 사이의 비율계산이 가능한 척도로써 모든 수학적 연산이 가능하며 절대 영점(자연적인 영점)이 존재한다. 소득, 키, 몸무게, 길이 등이 해당된다.
47	① 조사자가 연구하고 싶은 어떤 문제에 대해 양 극단적인 문항을 선정한다. ② 반응 카테고리, 즉 응답범주를 작성한 후에 응답자에게 적용한다. ③ 각 문항에 대한 응답자의 반응을 점수로 환산한다. 이때 가장 우호적인 것은 높은 점수를 부여하고, 비우호적일수록 낮은 점수를 부여한다. ④ 문항분석을 거쳐 총점을 산출하여 태도를 평가한다.

번 호	해 답
48	등현간격척도 또는 유사등간 척도(equal-appearing-interval scale)는 Thurston이 태도를 측정하기 위하여 착안한 척도로써, 통상 서스톤 척도라고 한다. 어떤 사실에 대하여 가장 우호적인 태도와 가장 비우호적인 태도를 나타내는 양 극단을 등간격으로 구분하여 여기에 수치를 부여하는 척도이다. 서스톤 척도의 문제점으로는 많은 수의 의견수집이 곤란하고, 문항 평가자의 편견이 개입될 여지가 있으며, 비용과 시간이 많이 소요되는 점 등이 있다.
49	체계적 오차란, 변수에 일정하게 체계적으로 영향을 주어 측정결과가 모두 높아지거나 모두 낮아지게 되는 편향된 경향을 보이는 오차로써, 측정도구의 구조적인 문제로 인하여 나타나는 것이다. 타당도와 관련된다. 반면 비체계적 오차는 오차의 값이 인위적이거나 편향된 것이 아니라 다양하게 분산되어 있어 무작위적으로 발생하는 오차를 의미한다. 측정대상, 측정과정, 측정수단, 측정자 등에 일관성 없이 영향을 미침으로써 발생하는 오차로 근거를 알지 못하는 경우가 대부분이며, 통제가 불가능하다. 신뢰도와 관련되고 상호 상쇄되는 경향도 있다.
50	외적 타당도란, 결과의 일반화 가능성을 의미하며, 표본을 대표성 있도록 뽑고, 최대한 인위적인 조작을 배제하면 높아지게 된다. 내적 타당도란, 인과관계의 정확한 추론정도로써, 정교한 실험설계, 즉 최대한 진실험 설계를 통해 외생변수를 통제하면 높아지게 된다. 한편 외적 타당도와 내적 타당도는 서로 역의 관계를 가지고 있다. 따라서 외적 타당도를 높이기 위한 일련의 행위를 수행할 경우, 내적 타당도가 저해되는 경우가 발생되며, 이와 반대로 내적 타당도를 높이기 위한 조치를 취한다면 외적 타당도가 낮아지게 된다.
51	측정의 타당도에는 내용 타당도, 기준 타당도, 구성개념 타당도가 있다. 내용 타당도는 전문가나 유경험자가 치밀하지 않게 판단하는 타당도로써, 주관적인 전문지식에 근거하여 판단한다. 기준 타당도는 이미 경험적으로 입증된 타당도가 있다고 알려진 다른 기준과 비교한 측정도구의 타당도이며, 동시적 타당도와 예측적 타당도로 구분된다. 구성개념 타당도는 추상적 개념과 측정지표 간의 일치정도를 의미하는데, 동일한 개념을 측정하는 경우에는 상이한 측정방법을 사용하더라도 측정값은 하나의 차원으로 수렴해야 한다는 수렴 타당도와, 상이한 개념을 측정하는 경우에는 동일한 측정방법을 사용하더라도 측정값 간에는 차별성을 나타내야 한다는 판별 타당도로 구분된다.

번 호	해 답
52	첫째, 검사-재검사법으로써 조사시행 후 일정 기간 경과 뒤에 동일도구로 동일대상에게 재조사 후 둘 간의 상관관계를 검토하는 방법이다. 검사요인(주 시험효과), 성숙요인, 역사요인에 대한 주의가 필요하며, 시간과 비용이 많이 소요되고, 응답자에게 불쾌감을 조성할 여지가 있다. 일반적으로 주 시험효과를 고려하여 2주 정도의 기간을 두고 시행한다. 둘째, 복수양식법이다. 동일한 개념에 대해 2개 이상의 상이한 측정도구를 개발하고 각각의 측정치들 간의 일치 여부를 검증하는 방법을 말한다. 척도 간 동등성 확보가 곤란하고, 두 도구가 유사 시 시험효과를 발생하며, 신뢰도와 동등성과의 차이 규명이 곤란하다. 셋째, 반분법이다. 측정도구를 임의로 반으로 나누어 각각을 독립된 척도로 보고 이들 간의 결과를 비교하여 신뢰도를 측정하는 방법, 측정도구 간의 동질성 확보가 곤란하고, 항목의 배분에 따라 신뢰도의 변화되는 단점이 있다. 넷째, 내적 일관성 분석법이다. 문항마다 모든 반분신뢰계수를 계산하여 이들의 평균값으로 신뢰도를 진단한다. Cronbach's α계수 이용하며, 0.60 이상이면 신뢰도가 있다고 판단한다. 신뢰도분석에서 가장 많이 사용하는 방법이다.
53	첫째, 측정도구를 구성하는 문항을 분명하게 작성하여 측정도구의 모호성을 제거한다. 둘째, 측정자의 태도와 측정방식의 일관성이 유지되도록 한다. 셋째, 조사대상자가 잘 모르거나 무관심한 내용은 측정항목에서 제거한다. 넷째, 동일한 질문이나 유사한 질문을 2회 이상 반복한다. 다섯째, 이전에 이미 신뢰도가 검증된 바 있는 표준화된 측정도구를 이용한다.

단원 연습문제 7

◀ 객관식 해답 ▶

번 호	1	2	3	4	5	6	7	8	9	10	11	12	13	14	15
해 답	①	③	②	②	①	④	④	①	②	①	⑤	②	③	①	⑤
번 호	16	17	18	19	20										
해 답	⑤	①	③	④	④										

◀ 주관식 해답 ▶

번 호	해 답
21	눈덩이 표본추출법이 적절하다. 눈덩이 표본추출법은 본 연구주제와 같이 조사대상을 잘 알지 못하거나 혹은 접근이 어려운 경우, 또는 표본추출틀 작성이 곤란한 특정한 집단에 대한 조사에 유용한 표본추출방법이기 때문이다.
22	표본추출틀이란, 연구대상이나 표본단위가 수록된 목록을 말하며, 이로부터 최종적인 표본이 추출된다. 표본추출오차(sampling error)는 모집단으로부터 선정된 표본집단을 기초로 표본을 추출할 때 이 표본집단이 모집단을 정확하게 반영해 주지 못해서 발생하는 오차를 뜻한다. 표본추출오차는 첫째, 표본틀이 모집단 내에 포함될 때, 둘째, 모집단이 표본틀 내에 포함될 때, 셋째, 표본틀과 모집단이 일부분만 일치할 때 발생된다. 한편 표본추출오차의 발생을 억제하는 방법으로는, 첫째, 표본틀에 맞게 모집단을 재규정하는 방법이 있으나, 이는 주로 표본틀이 모집단 내에 포함될 때 이용한다. 둘째, 자료수집과정에서 선별문항을 통하여 조사를 시작하기 전에 부적당한 연구대상을 제거하거나 자료분석과정에서 수집된 자료에 일종의 가중치를 적용시켜 자료를 조정하는 방법이 있다. 그러나 어떤 조정방법을 사용하든지 완전한 오차를 없애는 것은 불가능하므로, 부적절한 통계적 추정을 하지 않기 위해서는 모집단과 표본 프레임 사이의 오차를 분명히 알고 있어야 하며, 추정결과를 일반화하는 과정에서 주의를 기울여야 한다.
23	층화표본추출의 특징은 첫째, 가장 대표성이 뛰어난 표본추출방법이다. 둘째, 집단 내 동질성의 확보로 적은 표본으로도 그 집단의 특성을 잘 대표할 수 있다. 셋째, 중요한 집단은 빼놓지 않고 포함시킬 수 있다. 넷째, 모집단의 각 층화집단의 특수성을 알 수 있으며 비교가 가능하다. 다섯째, 층화 시 근거가 되는 명부가 필요하다. 여섯째, 모집단을 층화하여 가중했을 때 원형으로 복귀가 어렵다는 특징을 지닌다.

번 호	해 답
24	확률표본추출은 모든 추출단위에 대해 사전에 일정한 추출확률이 주어지는 표본추출방법으로써, 단순무작위표본추출, 계통표본추출, 층화표본추출, 집락표본추출의 방법이 있다. 반면 비확률표본추출은 자료를 수집하는 사람의 판단에 의해 표본을 추출하는 방법으로써, 추정의 정확성을 평가할 수 없고 표본추출에 조사자의 주관이 개입되어 과학적인 조사방법이라 할 수 없다. 임의표본추출, 판단표본추출, 할당표본추출, 누적(눈덩이)표본추출이 해당된다. 한편 확률표본추출은 비확률표본추출과 비교할 때 표본의 대표성이 높고, 객관적이며, 분석결과를 모집단으로 일반화가 가능하다. 또한 표본오차를 추정할 수 있는 장점이 있다.
25	집락표본추출(cluster sampling)이란, 모집단을 이질적인 구성요소를 포함하는 여러 개의 집락으로 구분한 다음 구분된 집락을 표본추출단위로 하여 무작위로 몇 개의 집락을 표본으로 추출하고 이를 표본으로 추출된 집락에 대하여 그 구성단위를 전수조사하거나 무작위 표본추출하는 방법이다. 집락표본추출방법의 장점은 모집단의 목록이 없을 때도 이용이 가능하고, 광범한 모집단에 이용할 수 있고, 상대적으로 비용이 저렴하다는 점이며, 단점으로는, 각 집락의 이질성을 확보하기 위한 분류의 기준설정이 어렵고, 다른 확률표본추출방법보다 표본오차가 더 커질 가능성이 있다는 점이다. 집락표본추출의 대표적인 예로는 대통령 후보 여론조사가 있는데, 1단계에서 특별시·광역시·도를 표본추출단위로 하여 이 가운데서 몇 개를 무작위로 추출하고, 2단계에서는 선택된 특별시, 광역시, 도에서 몇 개씩의 시·군·구를 무작위로 추출하며, 3단계에서는 표본으로 선택된 시, 군, 구에서 읍·면·동 등의 행정구역을 무작위로 추출한 후, 4단계에서는 최종적으로 선택된 읍, 면, 동에서 거주하는 유권자들의 명부를 보고 이들에 대해서 전수조사하거나 일부를 무작위로 추출하는 방식으로 활용된다.
26	층화표본추출은 모집단을 일정한 기준에 따라 2개 이상의 동질적인 층으로 구분하고 각 층별로 단순무작위추출방법을 적용하는 방법으로써, 모집단에 대한 기존 지식을 이용하여 모집단을 몇 개의 소집단으로 구분하되 각 집단 내의 구성요소들이 전체 모집단의 구성요소보다 더 동질적으로 구성한 후에 무작위표본추출을 적용하므로 표본의 표준오차를 줄일 수 있고, 표본의 대표성은 높아진다. 집단 간에는 이질적, 집단 내는 동질적이다. 반면 집락표본추출은 모집단을 이질적인 구성요소를 포함하는 여러 개의 집락으로 구분한 다음 구분된 집락을 표출단위로 하여 무작위로 몇 개의 집락을 표본으로 추출하고 이를 표본으로 추출된 집락에 대하여 그 구성단위를 전수조사하거나 무작위 표출하는 방법이다. 집단 간에는 동질적, 집단 내는 이질적이다.
27	할당표본추출은 판단표본추출의 변형으로써 추출된 표본이 모집단의 특성을 잘 대표할 수 있도록 미리 모집단의 특성을 나타내는 하위집단별로 집단을 분류한 후 표본을 추출하는 방법이다. 할당표본추출은 모집단을 일정한 기준에 따라 분류한다는 점에서는 층화표본추출과 유사하지만, 마지막 표본추출단계에서 작위적(편의·임의 표본추출 또는 판단 표본추출) 방법을 이용한다는 점이 큰 특징이다. 할당표본추출의 한계점으로는 모집단 분류에 있어 분류자의 편견이 개입되기 쉽다는 점, 마지막 단계에서의 작위적 표본추출로 인해 오차개입 가능성이 높다는 점이다.

단원 연습문제 8

◀ 객관식 해답 ▶

번 호	1	2	3	4	5	6								
해 답	①	⑤	⑤	①	④	③								

◀ 주관식 해답 ▶

번 호	해 답
7	첫째, 질문문항은 간결하고 정확하게 기입한다. 둘째, 모르거나 모호한 부분은 묻지 않는다. 셋째, 조사기관의 신뢰도를 인식시키고 조사의 목적을 정확히 고지한다.
8	질문지 작성에 소요되는 시간 및 비용을 절감할 수 있고, 기존의 연구를 통해 검증된 질문을 이용함으로써 신뢰도와 타당도를 보장받을 수 있으며, 기존의 조사결과를 검토·참고하여 보다 심층적인 분석이 가능하다.
9	개방형 질문은 주관식, 서술문의 형태로써, 응답의 형태에 제약을 가하지 않고 자유롭게 표현하는 방법이다. 장점으로는 연구자가 기대하지 못했던 응답을 얻을 수 있으며, 응답자에게 충분한 자기표현의 기회를 제공함으로써 사실적이고 현장감 있는 응답 획득이 가능하다는 점이다. 반면 단점으로는 응답자에게 부담을 주기에 무응답이 많고, 응답내용에 대한 분류와 수치화에 대한 노력과 시간이 많이 소요되며, 자료처리 및 코딩이 어렵고, 표현능력이 부족한 응답자에게 적용하기 어렵고, 응답에 시간이 많이 소비된다는 점이다. 폐쇄형 질문은 객관식의 형태로써, 사전에 응답할 항목을 연구자가 제시해 놓고 그 중에서 택하게 하는 방법이다. 폐쇄형 질문에서는 응답항목 간의 상호배타성과 총망라성이 반드시 담보되어야 한다. 장점으로는 집계 및 부호화, 분석이 매우 편리하다, 응답자에게 가능한 응답을 제시함으로써 응답상의 오류를 최소화할 수 있다. 응답이 간편하고 쉬우며 응답의 시간을 줄일 수 있어 응답자들의 협조를 쉽게 구할 수 있다 등이 있다. 반면 단점으로는, 응답자가 질문을 진지하게 생각치 않고 적당히 아무 것이나 응답할 수 있으며, 질문들을 만드는 데 비용과 시간이 많이 소요되고, 새로운 정보나 사실 획득이 곤란하며, 응답자의 의도 및 상태, 의견을 충분히 반영하기 어렵고, 연구자가 질문내용과 응답범위에 대한 충분한 지식과 정보가 있어야 한다는 점이다.

번 호	해 답
11	본 조사문항은 ① 다분히 규범적인 내용으로써 많은 응답자들이 긍정적인 응답에 편중될 것이며, 또한 ② 하나의 항목으로 두 가지 내용이 질의되는 형태를 보이고 있다. 따라서 정확한 태도의 측정을 위해 투사법 등 간접질문의 형태를 취하는 것을 하나의 방법으로 고려해야 한다. 또한 직접질문방식을 고수할 경우, 학문교육 여부와 직업교육 여부의 두 가지 내용으로 문항을 분리하는 것이 바람직하다.
12	① 처음에는 간단하고 흥미 있으며 응답자가 편하게 응답할 수 있는 질문을 배치한다. ② 인적사항 등 개인적인 질문은 가급적 나중에 배치한다. ③ 일반적인 질문은 특별한 질문 앞에 배열한다. ④ 심각하게 고려하여 응답해야 하는 성질의 질문과 개방형은 적당히 분산시켜 배열한다. ⑤ 유사질문은 간격을 멀리 배치한다. ⑥ 논리적인 질서에 의거한 질문배열, 즉 오래된 것부터 최근의 것으로, 구체적인 것에서 추상적인 것으로, 친숙한 것에서 생소한 것으로, 객관적인 것에서 태도 등 주관적인 것으로 배치한다.
13	1단계로 필요한 정보를 규명한다. 가설검증을 위하여 측정해야 할 개념(변수)이나 현상의 서술을 위해 필요한 속성들을 규명한다. 2단계로 자료수집방법을 결정한다. 우편, 전화, 면접 등 어떠한 자료수집방법을 이용할 것인가를 결정하여야만 설문지의 형식, 양, 표현방식 등을 결정할 수 있다. 3단계로 설문문항의 내용을 결정한다. 필요한 개념(변수)을 측정하기 위해서 어떠한 내용의 문항이 포함되어야 할 것인지를 결정해야 한다. 4단계로 질문형식을 결정한다. 내용이 결정되면 응답형식을 결정해야 한다. 5단계로는 문항을 표현한다. 문항은 명확하게 표현되어야 하며, 편향되거나 유도적인 성향을 보이면 안 된다. 6단계로는 문항의 순서를 결정한다. 문항의 순서는 응답하기 쉬우면서도 솔직한 응답을 할 수 있도록 배열한다. 7단계는 사전검사(pre-test)의 실시단계이다. 최종 설문을 완성하기 전에 소규모의 사전조사를 실시하여 잘못된 문항을 수정하거나, 삭제, 추가, 순서의 교정을 한다. 신뢰도와 타당도의 검증도 아울러 실시한다. 8단계로 최종 확정 및 설문지를 인쇄한다. 설문지의 외형도 중요하므로 인쇄방식, 설문지의 크기, 제본방식, 페이지 수, 설문지 인쇄부수를 적절히 결정해야 한다. 이상의 요소들이 응답자의 호응도와 응답률, 성의있는 응답에 상당한 영향을 미치므로 사전에 충분한 검토가 필요하다.

단원 연습문제 9

◀ 객관식 해답 ▶

번 호	1	2	3	4	5	6	7	8	9	10	11	12	13	14	15
해 답	①	①	②	②	④	②	⑤	⑤	②	④	⑤	⑤	①	④	①
번 호	16	17	18	19	20	21	22	23	24						
해 답	①	③	①	③	④	②	④	②	①						

◀ 주관식 해답 ▶

번 호	해 답
25	설문조사에 의한 자료수집의 장점은 큰 표본에도 적용이 가능하고, 상대적으로 비용이 적게 소요되며, 자료수집방법에 따라 응답자에게 충분한 시간적 여유를 제공함으로써 응답에 신중을 기할 수 있고, 질문지를 통해서만 접근이 가능한 대상에게도 사용이 가능하다는 점이다. 반면 단점으로는 무응답률이 높고, 질문지에 대한 통제를 제대로 할 수 없으며, 보충 또는 부연 설명이 곤란하다. 또한 응답해야 할 사람이 응답했는지를 신뢰하기가 어렵다는 것이다.
26	이와 같은 조사를 콜인(Call-in)조사라 하는데, 콜인조사는 해당 주제에 대한 관심을 가지는 사람들만 시청 또는 청취하므로 표본으로써 대표성이 떨어지며, 제한된 시간에 한정된 주제로만 조사가 이루어지게 되므로 상세한 조사가 되지 못한다. 또한 사회자의 진행능력이나 토론에 참여한 패널집단의 권위 및 의견에 따라 여론이 좌우되기도 한다.
27	① 설문의 내용을 지나치게 어렵거나 대답하기 곤란하게 작성하지 않는다. ② 볼펜, 전화카드, 도서상품권 등 응답에 대한 보상을 제공한다. ③ 응답자의 전화번호가 있을 시 응답과 반송을 부탁한다. ④ 설문지를 재송부한다.
28	먼저 장점으로는 첫째, 조사비용과 노력이 절약되며, 둘째, 넓은 범위의 대상과 조사가 어려운 대상에게도 접근가능하다. 셋째, 응답에 대한 충분한 시간을 제공함으로써 응답자에게 심사숙고할 시간적 여유를 줄 수 있다는 점을 들 수 있다. 다음으로 단점으로는 첫째, 회수율이 낮으며, 둘째, 응답내용이 모호할 경우에도 확인이 불가능하고, 셋째, 실제로 응답자 본인이 응답했는지 여부를 파악할 수 없고, 넷째, 캐어묻기가 곤란하다는 것이다.

번 호	해 답
29	자료수집의 경제성, 즉 자료수집과정에서의 소요 시간·비용·노력은 우편조사 > 전화조사 > 면접조사의 순이며, 조사대상의 범위나 접근성 면에서는 우편조사 > 전화조사 > 면접조사의 순이라 할 수 있다. 반면 응답률의 정도는 면접조사 > 전화조사 > 우편조사의 순이며, 응답의 진위나 충실성 역시 면접조사 > 전화조사 > 우편조사의 순으로 나타난다고 볼 수 있다. 또한 문항의 의미전달과 관련하여 다양한 상호 의사소통, 가령 모호한 질문에 대한 설명이나 도표나 그래프 등의 부연자료들을 활용할 수 있는 정도에 따라 비교해 보면 면접조사 > 우편조사>전화조사의 순이 되겠고, 조사자와 응답자 간의 친밀감 형성 등 응답에 미칠 수 있는 내면적 요소에서는 면접조사 > 전화조사 > 우편조사의 순이라 할 수 있다. 마지막으로 캐어묻기(pribing) 등 추가정보의 획득 가능성에서는 면접조사 > 전화조사 > 우편조사의 순으로 효과적이다.
30	가입자조사는 해당 사이트에 가입한 사람이나 전자우편 주소를 소유하고 있는 모든 사람을 대상으로 하는 조사이며, 회원조사는 해당 인터넷 사이트의 회원을 대상으로 수행하는 조사이다. 방문자조사는 해당 페이지에 접속하는 불특정 다수를 대상으로 조사를 수행하는 것이다. 온라인조사의 가장 큰 단점은 대표성의 문제인데, 매체의 특성상 이용하는 사람에게만 적용되므로 상대적으로 폐쇄적이라고 볼 수 있다. 또한 관심을 가진 사람만이 참여하므로 편중의 문제가 발생될 여지가 있으며, 조사시간대와 기간에 따라 표본이 달라지게 된다는 단점이 있다.

단원 연습문제 10

◀ 객관식 해답 ▶

번 호	1	2	3	4	5	6	7	8	9	10					
해 답	④	①	②	①	④	③	②	③	⑤	④					

단원 연습문제 11

◀ 객관식 해답 ▶

번 호	1	2	3	4	5	6								
해 답	④	⑤	②	④	①	③								

◀ 주관식 해답 ▶

번 호	해 답
25	연구보고서는 다음과 같은 아홉 단계의 구조로 집필된다. ① 표지 : 조사제목, 조사자, 기관이름, 작성일자 등을 명시 ② 목차 : 목차, 표목차, 그림목차 등 ③ 요약 : 전체 보고서 내용을 요약·정리하여 독자들로 하여금 짧은 시간에 전체 내용을 파악할 수 있도록 함 ④ 서론 : 연구의 취지 및 필요성, 연구의 목적 등 기술 ⑤ 연구방법 : 조사대상, 조사기간, 자료수집방법, 조사도구, 개념적 준거틀, 자료분석방법 등을 기술 ⑥ 분석결과 : 자료에 대한 통계분석 결과와 이에 대한 해석 기술 ⑦ 결론 및 제언 : 분석결과를 간략히 정리하여 이를 근거로 결론을 기술하고, 연구의 한계와 제약 또는 후속연구에 대한 함의점들을 제언을 통해 언급 ⑧ 참고문헌 : 보고서 집필에 인용하거나 참고한 논문 및 문헌 또는 자료 명시 ⑨ 부록 : 설문지 및 다양한 부록자료를 첨부

단원 연습문제 12

◀ 객관식 해답 ▶

번 호	1	2	3	4	5	6	7	8	9	10					
해 답	⑤	③	①	⑤	②	④	②	⑤	②	①					

◀ 주관식 해답 ▶

번 호	해 답
11	내용분석은 질적인 내용을 양적 자료로 전환하는 방법으로써, 신문, 서적, TV, 영화, 일기, 녹음 및 녹화테잎 등을 통해 대상자에 대한 자료를 간접적으로 수집하는 방법이다. 내용분석의 장점으로는 첫째, 시간 및 비용이 경제적이며, 둘째, 연구자가 연구대상에게 영향을 미치지 않고, 셋째, 다양한 심리적인 변수를 측정할 수 있으며, 넷째, 장기간의 내용을 연구할 수 있다는 점이다. 반면 내용분석의 단점은 첫째, 기록된 자료에만 한정되므로 자료의 한계가 있고, 둘째, 측정의 타당도를 확보하기가 어렵다는 것이다.
12	TV 드라마에서의 성역할을 내용분석법으로 접근할 때 각 단계별 과정을 살펴보면 다음과 같다. 첫째, 연구문제를 설정한다. TV 프로그램 드라마에서의 성역할이라는 연구문제가 결정되었다면 관련된 기존문헌을 검토하여 연구문제의 적절성과 연구의 실현 가능성을 검토한 후 확정한다. 둘째, 개념정의 및 가설을 설정한다. 기존의 선행연구에서 다루고 있는 성역할에 대한 개념을 정의하고 검증하고자 하는 가설을 설정한다. 셋째, 문헌자료의 모집단을 규정한다. 연구자가 분석대상으로 하고자하는 시기와 범위를 결정한다. 예를 들어, 지난 1999년부터 2009년까지 10년간의 모방송국의 일일드라마 및 주말드라마 전체와 같이 모집단을 규정한다. 넷째, 자료의 표본추출을 실시한다. 모집단을 적절히 대표할 수 있는 표본의 수를 결정하고 합당한 표본추출방법을 선택한다. 다섯째, 분석내용의 범주와 분석단위를 설정한다. 분석단위란 자료수집이 이루어지는 단위를 말한다. 어떤 특정한 대사일 수도 있고 더 구체적으로 문단, 주제, 중요 단어, 상징일 수도 있다. 여섯째, 자료를 코딩하고 신뢰도를 점검한다. 정해진 분석단위의 출현 여부나 빈도, 강도 등에서 정해진 계량화 체계를 선택하여 자료를 한정된 수의 범주로 분류하여 부호화하고, 부호화된 자료를 다시 정리·분류·배열·종합하는 과정을 거친다. 물론 여러 보조 입력자들을 활용한다면 코더들 간의 신뢰도를 점검하여야 한다. 코더들 간의 신뢰도는 본격적인 자료입력 전에 실시하는 것이 경제성 면에서 좋다. 일곱째, 자료분석 및 해석을 통해 결과를 보고한다. 수집된 자료의 분석결과를 가설 및 이론과 결부시켜 해석한다. 이를 체계적으로 정리하여 결과보고서로 작성한다.

단원 연습문제 13

◀ 객관식 해답 ▶

번 호	1	2	3	4	5	6	7	8	9	10	11				
해 답	①	②	④	①	②	⑤	①	②	④	⑤	④				

◀ 주관식 해답 ▶

번 호	해 답
12	브래드쇼는 욕구를 규범적 욕구, 인지적 욕구, 표현적 욕구, 비교적 욕구의 네 가지 차원으로 구분하였다. 첫째, 규범적 욕구란 전문가 또는 사회과학자 등이 규정한 것으로써 관습이나 권위, 일반적 여론의 확립된 표준이 욕구이다. 전문가의 견해 차이가 개입될 수 있으므로 절대적일 수 없으며, 정하는 사람에 의해 달라질 수 있다. 또한 관습과 사회적 가치가 달라짐에 따라 기준이 변화될 수 있다. 둘째, 인지적 욕구는 느낀 욕구 혹은 체감적 욕구라고도 하며, 당사자에 의해 필요성이 인지되는 욕구를 의미한다. 인지적 욕구는 설문조사나 면접과 같은 조사연구를 통해 파악할 수 있다. 당사자가 느끼는 욕구이기 때문에 개인마다 차이를 보이게 되며, 표본조사일 경우 대표성 문제와 과다 추정의 문제에 주의를 기울여야 한다. 셋째, 표현적 욕구는 표출적 욕구 혹은 표현된 욕구로 지칭되기도 하며, 인지적 욕구가 행동으로 표출된 것이다. 욕구를 느낀 당사자의 욕구충족을 위한 노력 정도이기 때문에 대기자 명단과 같이 구체적이고 계량적인 수치의 형태로 나타난다. 단, 인지하지 못하는 서비스는 표현할 수 없고 직접적인 행동으로 표현하지 않는 잠재적 대상자는 무시되며 의사표현에 문제가 있는 경우도 이를 파악하기 쉽지 않다. 넷째, 비교적 욕구는 상대적 욕구라고도 하며, 전문가나 사회과학자 등이 각종 사회지표 또는 다른 지역의 서비스 수준과 비교함으로써 필요성을 파악하는 것이다. 비교집단 선정의 대표성 문제와 간접적인 파악이기 때문에 실제 욕구와 차이가 존재할 가능성이 많다.
13	총괄평가는 프로그램의 결과 및 효과를 측정하여 총체적인 판단을 내리기 위한 목적을 지닌다. 총괄평가는 대부분의 경우 프로그램을 종료한 후 주로 연역적 방법을 활용하여 시행하며, 목표지향적인 성격을 지닌다. 총괄평가는 프로그램이 의도한 대로 목표를 달성했는지를 평가하는 효과성 평가와, 투입된 비용과 비교하여 효과가 어느 정도인지, 즉 투입비용의 적절성을 측정하는 효율성 평가로 분류할 수 있다. 효과성 평가는 실험설계를 이용하여 시행하며, 효율성 평가는 비용편익분석 및 비용효과분석 등으로 실시한다. 형성평가는 과정중심적 평가로써, 프로그램 진행 도중에 과정상의 문제점을 찾아내고 이를 수정·보완하기 위한 목적을 지닌다. 형성평가는 주로 귀납적인 방법에 의해 이루어지며, 모니터링과 환류를 중요시한다.

참고문헌

강영걸・박성복(2008). 사회복지조사론. 양서원.

강종수(2009). 사회복지조사방법론. 양서원.

김경우(2008). 사회복지조사방법론 강의. MJ미디어.

김영종(2009). 사회복지조사방법론(2판). 학지사.

김통원(2003). 사회복지 프로그램 개발과 평가. 학지사.

남궁근(2004). 행정조사방법론. 법문사.

미래사회조사분석학원(2002). 조사방법론 예상문제집. 삼성북스.

성태제(2003). 현대 기초통계학의 이해와 적용. 교육과학사.

여운승(2003). 뉴밀레니엄 마케팅조사방법. 시그마프레스.

이익섭・이윤로(2008). 사회복지 조사방법의 이해. 학지사.

이종환(2009). 사회조사분석사 2급 실기대비 조사방법론 및 SPSS통계분석. 공동체.

______(2009). SPSS를 이용한 조사방법 및 통계분석의 이해와 적용(2판). 공동체.

이징호(2007). 누구도 알려주지 않은 마케팅 리서치 비법 노트. 커뮤니케이션북스.

정무성・정진모(2001). 사회복지 프로그램 개발과 평가. 양서원.

채구묵(2007). 사회복지조사방법론(2판). 양서원.

채서일(2001). 마케팅 조사론. 학현사.

______(2005). 사회과학 조사방법론. 비앤엠북스.

최성재(2005). 사회복지조사방법론. 나남출판.

홍성열(2008). 사회과학도를 위한 연구방법론. 시그마프레스.

황성동(2009). 알기 쉬운 사회복지조사방법론. 학지사.

황성철(2008). 사회복지 프로그램 개발과 평가. 공동체.

Alderfer, C. P.(1972). *Existence, Relatedness, and Growth : Human Needs in Grganizational Settings*. Free Press.

Allen Rubin & Earl Babbie(2005). 사회복지조사방법론(4판). 성숙진 외 3인 역. 시그마프레스.

Badshaw, J.(1977). The Concept of Social Needs, Gilbert, N., & Specht, H.(eds). *Planning for social Welfare*. NJ : Prentice-Hall.

Barnery G. Glasser & A. L. Starauss(1967). *The Discovery of Grounded Theory : Strategies for Qualitative Research*. Chicago : Aldine.

C. E. Osgood, G. J. Suci, & P. H. Tannenbaum(1957). *The Measurement of Meaning*. Urbana, Ill : University of Illinois Press.

Campbell, D. T., & D. W. Fisker(1959). "Convergent and Discriminant Validity by the Multitrait-Multimethod Matrix". *Psychological Bulletin*.

Duhl, F. J., Kantor, D., & Duhl, B. S.(1973). Learning, space and action in family therapy : A primer of sculpture. In D. A. Bloch(Ed). *Techniques of family therapy*. New York : Grune and Stratton.

Edmund Sherman & William J. Reid(2004). 사회복지 질적 연구방법의 이해와 활용. 유태균 · 이선혜 · 서진환 역. 나남출판.

Edward A. Suchman(1988). *Evaluation Research*. New York : Russel Sage Foundation.

Gates, B. L.(1980). *Program administration : the implementation of social policy*. Englewood Cliffs, NJ : Prentice Hall.

Gibbs, Leonard, and Eileen Gambrill(1999). *Critical Thinking for Social Workers : Exercises for the Helping Professions*. Thousand Oaks, CA: Pine Forge Press.

Goode, W. J., & Hatt, P. K.(1981). *Methods in Social Research*. Singapore : McGraw Hill.

Hubley, A. M., and Palepu, A.(2007). "Injection Drug User Quality of Life Scale : Findings from a content validation study". *Health and Quality of Life Outcomes*, 5(46), 43-65.

John Lofland(1971). *Analyzing Social Settings : A Guide to Qualitative Observation and Anlysis*. Belmont, CA : Wadsworth.

Kurt Zadek Lewin(1948). *Resolving social conflicts : selected papers on group dynamics*. New York : Harper and Brothers.

Martin Bloon, Joel Fischer & John G. Orme(2007). 실천평가 : 책임성 있는 전문가를 위한 길잡이. 김용석 외 9인 역. 시그마프레스.

Matthew B. Miles, A. Michael Huberman(2009). 질적자료분석론. 박태영 외 7인 역. 학지사.

McKillip, J.(1998). Needs anlysis : Process and techniques. In L. Bickman & D. Rog(Eds). *Handbook of Applied Social Research Methods*. Thousand Oaks, CA : Sage.

McNabb, D. E.(2002). *Research Methods in Public Administration and Noprofit Management*. N Y : ME Sharp.

Morris Rosenberg(1968). *The Logic of Survey Analysis*. New York : Basic Books Inc.

Nachmias & Nachmias(1987). *Research Methods in the Social Sciences*. New York : St. Martin's Press.

Rita Sara Schreiber & Phyllis Noerager Stern(2003). 근거이론 연구방법론(Using grounded theory in nursing). 신경림 · 김미영 역. 현문사.

Rubin, A., & Babbie, E.(2001). *Research Methods for Social Work*(4th ed.). Belmont, California : Wadsworth Publishing Co.

Satir, V.(1964). *Conjoint Family Therapy : A Guide to theory and technique*. Palo Alto, California : Science and Behavior Books Inc.

Selltiz Claire, L. S. Wrightman and S. W. Cook(1976). *Research Methods in Social Relation*(3re ed.). New York : Holt, Rinehart and Winston.

Thomas D. Cook & Donald T. Campbell(1979). *Quasi-Experimentation*. Boston : Houghton Mifflin, Company.

W. L. Neuman(2000). *Social Research Methods : Qualitative and Quantitative Approaches*(4th ed). MA : Allyn & Bacon.

Wallace W. L.(1971). *Logic of Science in Sociology*. Chicago : Aldine Atherton.

저/자/약/력

■ 이종환
• 성균관대학교 사회복지학 석사
• 경기대학교 사회복지학 박사
• 現(주)와이즈인컴퍼니 이사
• 前한국사회복지협의회 사회복지연구원 연구원
• 사회조사분석사 1급 및 2급 보유

〈저서〉
• SPSS를 이용한 조사방법 및 통계분석의 이해와 적용
• 사회조사분석사 2급 실기대비 조사방법론 및 SPSS 통계분석
• DataIN으로 보고서 및 통계분석 한방에 끝내기(공저)

맥락으로 이해하는

사회과학 조사방법론

|저자| 이 종 환

|1판 1쇄 발행| 2011년 1월 10일
|1판 2쇄 발행| 2011년 7월 8일
|2판 1쇄 발행| 2012년 8월 10일
|2판 3쇄 발행| 2015년 1월 30일
|3판 1쇄 발행| 2021년 1월 25일
|3판 2쇄 발행| 2025년 2월 25일

|발행인| 김 동 훈
|발행처| 공 동 체

|주소| 경기도 고양시 일산동구 호수로 358-39,
동문타워 I 905호(백석동)
|전화| 031) 814-3000(대표)
|팩스| 031) 814-3100
|홈페이지| http://www.compub.co.kr
|전자우편| compub@naver.com
|출판등록| 2005년 10월 6일
|등록번호| 제396-2005-36호

|ISBN| 979-11-6105-936-5
정가 17,000원